시카고가 증명한 성공의 법칙

왜 세계는 K-뷰티에 열광하는가

왜 세계는 K-뷰티에 열광하는가
시카고가 증명한 성공의 법칙

초판 1쇄 발행 2026년 3월 3일

지은이 Mindy Kim
펴낸곳 드림위드에스
출판등록 제2021-000017호

교정 양수미
편집 드림위드에스출판
검수 드림위드에스출판
마케팅 위드에스마케팅

주소 서울특별시 강남구 학동로 165, 2층 (신사동)
이메일 dreamwithessmarketing@gmail.com
홈페이지 www.bookpublishingwithess.com

ISBN 979-11-24346-05-1(03320)
값 19,800원

〈ESG프로젝트 | 아동·청소년 교육 | 미래세대 직업·창의 프로젝트〉

시카고가 증명한 성공의 법칙

왜 세계는 K-뷰티에 열광하는가

Mindy Kim 지음

한국에서 배운 섬세함으로 미국 시장에 뛰어든 스파 비즈니스 운영기

불안정한 매출, 언어 장벽, 직원 이직, 기술 편차, 고객 유입 루트 부재까지.
나는 이 모든 문제를 직접 경험하고 해결했다.
그 과정을 매뉴얼화했고, 그것이 지금의 시스템을 만들었다.

드림위드에스

목차

PART 4

고객이 나를 선택하게 만든 기술과 대화

PART 5

리더십이 브랜드를 결정한다

PART 6

미국 시장에서 살아남는 비즈니스 법칙

PART 7

앞으로의 10년을 만들어 갈 길

프롤로그

이 모든 여정은 처음부터 미국에서 K-Beauty 브랜드를 만들겠다는 거창한 포부에서 시작된 것이 아니었다. 모든 것은 하나의 본질적인 질문에서 출발했다.

그것은 내가 가진 기술과 감각, 그리고 한국에서 배운 기준이 과연 어느 곳에서 가장 큰 가치를 발휘할 수 있을까 하는 근원적인 물음이었다.

미국에서 스파 비즈니스를 처음 운영하던 시기, 대부분의 시간은 고객과 시장을 면밀히 관찰하는 데 집중되었다.

고객의 표정부터 반응, 피부의 미세한 변화까지 어느 하나 놓치지 않으려 노력했다.

또한, 그들이 무엇을 궁금해하고 어떤 설명 방식에 신뢰를 보내는지 세심하게 살폈다. 이렇게 사소해 보였던 관찰의 조각들이 쌓여, 훗날 브랜드의 견고한 기반을 형성했다.

그러던 어느 날, 한 고객의 예상치 못한 한마디가 사업의 방향을 결정짓는 결정적인 충격을 안겼다.

관리가 모두 끝난 후, 그녀는 조용히 말했다.

“Your facial feels like… someone really cared.”

이 말은 ‘당신의 관리는 누군가에게 진심으로 신경 써서 보살핌받는 느낌’이라는 의미였다.

그 순간, 나는 중요한 사실 한 가지를 깨달았다.

한국에서는 전문가의 기본 소양으로 여겨지던 섬세한 손끝의 감각, 압력의 정교한 조절, 체계적인 관리 순서와 같은 디테일한 기술 구조가 있었다.

그리고 이 모든 것이 미국 시장에서는 고객이 한 번도 경험하지 못한 특별한 프리미엄 서비스로 받아들여지고 있다는 사실이었다.

‘한국식 디테일은 미국에서 프리미엄이 된다’는 명제는 개인적인 감상을 넘어선 객관적인 사실이었다. 깨달음은 내가 가진 기준을 바꿀 필요가 없으며, 오히려 그것이 가장 강력한 차별점이라는 확신을 심어주었다.

더 이상 나의 기준을 미국 시장에 맞추기 위해 인위적으로 낮추거나 단순화할 필요가 없었다. 오히려 타협하지 않는 한국식 기준 그 자체가 미국에서 가장 강력한 경쟁력이자 차별점인 것이다.

이러한 믿음은 시카고에 첫 매장을 열고 네 차례에 걸쳐 사업을 확장하는 과정에서 더욱 굳건해졌다.

미국의 고객은 솔직했고 시장은 정직하게 반응했으며, 이러한 경험은 흔들리지 않는 운영 원칙의 기반이 되었다.

결과가 좋으면 고객은 주저 없이 다음 예약을 잡았고, 만족스럽지 않으면 사실을 있는 그대로 전달했다. 이러한 솔직한 피드백 문화는 수많은 통화 기록에서도 반복적으로 확인되는 미국 시장의 뚜렷한 특징이었으며, 나의 사업 방식과도 완벽하게 부합했다.

결국 '미국 고객은 솔직하며, 좋으면 즉시 다시 찾는다'는 단순한 진리가 사업 성장의 핵심 동력이었다. 이 깨달음을 바탕으로 나는 세 가지 흔들리지 않는 운영 원칙을 세웠다.

첫째, 한국에서 체득한 서비스의 기준을 결코 낮추지 않는다.

둘째, 기술의 완성은 결국 디테일에서 결정된다.

셋째, 모든 설명은 미국 고객의 언어로 명확하고 이해하기 쉽게 전달한다.

이 세 가지 원칙은 지금도 변함없이 브랜드를 지탱하는 핵심 기준이다.

결국 이 이야기는 한국에서 배운 섬세함과 미국 시장에서 얻은 솔직함이라는 두 가지 가치가 만나 탄생한 기록이며, 이 책을 통해 누군가 자신만의 기준을 확립하고 아무도 가지 않은 새로운 길을 개척하는 용기를 얻기를 바란다.

PART 1

아무도 없던 길을 걷기 시작하다

1장.
2003년 미국에서 시작된 관찰

2003년 미국에서 사업의 첫발을 내디뎠을 때, 가장 중요했던 것은 시장을 제대로 보는 눈을 키우는 관찰이었다. 처음부터 뚜렷한 계획이 있었던 것은 아니다.

다만 거대한 미국 시장을 이해하려면 먼저 가만히 지켜봐야 한다고 생각했다. 그래서 나는 매장에서 벌어지는 모든 것을 관찰했다.

고객과 직원이 주고받는 짧은 대화, 서비스가 흘러가는 방식, 고객의 작은 표정 변화까지, 사소해 보이는 이 모든 순간이 시장을 이해하는 열쇠였다.

이때 익힌 관찰하는 습관은 훗날 브랜드를 만드는 기본 철학이 되었다.

현재 내가 '감보다는 구조', '뒷수습보다는 예방 시스템'을 강조하는 것 역시 이 경험에서 비롯되었다. 비즈니스는 정교하게 설계되어야 하며, 진정한 리더는 문제가 발생한 뒤에 수습하는 사람이 아니라 애초에 문제가 생기지 않는 환경을 만드는 사람이라는 믿음의 씨앗은, 2003년 조용히 관찰을 시작하던 그때 이미 뿌려지고 있었다.

현지 에스테티션(피부 미용 전문가)들의 손기술을 관찰하며, 한국에서 배운 섬세함이 미국 시장에서 강력한 차별점이 될 수 있다는 첫 사업적 직감을 얻었다.

고객의 피부를 만지는 방식, 압력, 속도, 손끝의 흐름까지 자세히 들여다보았다.

그들의 손놀림은 빨랐지만, 내가 한국에서 배운 섬세함과는 근본적으로 달랐다. 물론 속도도 기술의 일부가 될 수는 있다. 그러나 기술의 본질은 섬세함에 있다는 것을 나는 알고 있었다.

그 순간, '한국식 디테일이 이곳에서도 통할 수 있다'라는 생각이 스쳤다.

이 생각은 단순한 느낌을 넘어, 훗날 미국 시장을 이해하고 공략하는 핵심 기준이 되었다.

한국에서는 기본으로 여겨지는 섬세함이 미국에서는 혁신이 될 수 있다는 발견이었다. 현지 에스테티션들은 압력의 강약을 정교하게 다루지 않았고, 손끝 감각에 큰 의미를 두지 않았으며, 정해진 순서의 중요성도 크게 여기지 않았다. 하지만 나는 이러한 작은 차이들이 모여 고객의 경험을 완전히 바꿀 수 있다는 사실을 확신했다.

매일의 관찰을 작은 수첩에 기록하는 습관은 훗날 브랜드의 핵심 운영 시스템을 구축하는 든든한 기반이 되었다. 현장에서 본 고객의 반응, 피부 관리에 대한 기대, 서비스를 대하는 태도, 어떤 설명에 고개를 끄덕이는지까지 사소해 보이는 모든 것을 빠짐없이 남겼다.

이 기록 습관은 단순한 메모가 아니었다. 이는 나중에 브랜드를 운영하는 핵심 시스템으로 자리 잡았다. '당일 차트는 반드시 작성하고, 기록이 곧 전문성을 만든다'는 원칙도 이때 만들어졌다. 이렇게 차곡차곡 쌓인 기록들은 훗날 미국 시장을 제대로 이해하고, 우리만의 독자적인 매뉴얼을 만드는 가장 든든한 자산이 되었다.

미국 고객의 솔직한 피드백은 사업의 방향을 결정하는 명확한 나침반이 되었다.

좋으면 망설임 없이 "Great!"를 외치고, 마음에 들면 그 자리에서 다음 예약을 잡았다.

반면 불만이 있을 때는 결코 에둘러 말하는 법이 없었으며, 직설적이고 명확하게 의사를 표현했다.

한국에서는 불만이 있어도 조심스럽게 표현하거나 아예 말하지 않는 경우가 많았기에 처음에는 이러한 문화가 당황스러웠다.

하지만 시간이 지나면서 고객이 원하는 것을 숨기지 않는 이 솔직함이 오히려 사업에 큰 도움이 된다는 사실을 깨달았다. 시카고에서 첫 매장을 열고 네 번이나 사업을 확장하는 동안, 이러한 고객의 직접적인 반응은 언제나 가장 중요한 지표였다. 결과가 모든 것을 말해주는 시장이었기에 실력을 숨기거나 타협할 필요가 없었으며, 그저 최선을 다하면 시장이 알아서 정직한 답을 돌려주었다.

많은 이들이 미국 시장에 맞추려면 기준을 낮춰야 한다고 조언했지만, 나는 오히려 한국에서 배운 섬세함을 더욱 정교하게 다듬는 데 집중했다. 기술을 단순화하거나 현지 수준에 맞추는 대신, 정반대의 길을 선택한 것이다. 결국 내가 얻은 해답은 '기준이 성공을 만든다'는 단순한 진리였다. 2003년 미국에서 처음 발견했던 그 작은 기술적 차이들이, 결과적으로 미국 시장 전체를 이해하고 공략하는 핵심 열쇠가 된 것이다.

2장.
시카고 1호점, 첫 리뷰가 모든 걸 바꿨다

시카고 1호점의 성공은 고립된 개척이 아니라, 한국 최고의 기준을 끊임없이 배우고 미국 현지에 그대로 구현하려는 노력의 결과였다. 나는 한국을 오가며 청담동의 유명 샵들을 직접 경험하고, 병원

원장들을 만나 치료적 에스테틱(Aesthetic)과 결합된 전문적인 관리를 배웠다.

이 과정을 통해 시카고뿐만 아니라 중부 지역, 뉴욕, LA에 이르기까지 한국식 관리를 갈망하는 고객이 얼마나 많은지 알게 되었다.

나의 목표는 "한국에 가지 않아도 여기서 똑같이 받을 수 있다"라는 것을 증명하는 것이었다.

이를 위해 한국과 동일한 제품, 기계, 그리고 서비스 절차를 미국에서 완벽하게 구현하고자 했다.

매일 아침 매장 문을 열고 청소하며, 전화를 받아 예약을 잡고, 고객을 상담하고 관리하는 쉴 틈 없는 일상이 이어졌다.

실수할 여유가 없었기에 모든 과정은 더 정확해졌고, 체계가 필요했기에 하나하나 명확한 기준을 세워나갔다. 이 시기의 경험은 훗날 브랜드 매뉴얼의 뼈대가 되었다.

어느 날 한 첫 방문 고객이 던진 질문은, 나의 사업 방향이 옳았다는 결정적인 확신을 심어주었다.

관리를 마친 고객이 일어서더니 "왜 당신의 페이셜(Facial)은 그렇게 다른가요?"라고 물었다.

순간 무언가 잘못되었거나 고객이 불편했던 것은 아닌지 가슴이 철렁했다.

그러나 고객은 웃으며 말을 이었다.

그는 관리 내내 정확한 압력과 리듬이 느껴졌고, 정해진 순서가 있다는 것을 알 수 있었으며, 무엇보다 진정으로 보살핌을 받는 기분이었다고 덧붙였다.

그 말을 듣는 순간 나는 멍하니 서 있었다. 한국에서는 '당연한 기본'이라고 여겼던 것들이, 이곳에서는 '한 번도 경험해 보지 못한' 특별한 가치로 받아들여진 것이다. 이 경험을 통해 내 안의 모든 불안이 사라졌다. 미국 시장에 맞추기 위해 나의 기준을 바꿀 필요가 없으며, 오히려 이 기준을 굳건히 지키는 것이 생존의 길이라는 확신이 들었다.

한국의 높은 기준을 고수하면서도, 이를 미국 고객의 특성에 맞춰 정교하게 조정하는 과정을 거쳤다. 한국 방식을 그대로 고집한 것이 아니라, 미국 고객들의 피부 반응을 세심하게 살피며 그들의 요구에 최적화했다. 고객들이 선호하는 압력의 강도, 이해하기 쉬운 설명 방식, 그리고 즉각적인 결과에 대한 높은 기대치 등을 파악했다. 이를 바탕으로 관리 순서를 그들의 신체 구조와 요구에 맞게 재설계했다. 핵심은 한국식 디테일이라는 본질을 그대로 유지하되, 그것을 미국 시장이라는 새로운 환경에 맞게 정교하게 조율하는 것이었다.

첫 고객이 남긴 온라인 리뷰 한 줄은 어떤 광고보다 강력한 힘을 발휘하며 신뢰의 연쇄 작용을 일으켰다. 그 리뷰가 올라온 뒤, 새로운 고객들이 하나둘 찾아오기 시작하는 놀라운 변화가 일어났다. 그들은 한국식 관리가 정말 그렇게 유명한지 물었고, 이처럼 섬세한 디테일은 처음 경험해 본다고 말했다. 고객들은 다른 고객의 경험을 믿었고, 그 신뢰가 자연스럽게 입소문을 만들었다. 이를 통해 나는 두 가지 중요한 사실을 깨달았다. 첫째, 진정한 결과는 굳이 말하지 않아도 스스로를 증명한다는 것. 그리고 둘째, 미국 시장은 그 결과를 가장 정직하게 평가한다는 것이다.

그 첫 리뷰 이후, 나는 네 가지 운영 원칙을 세웠다.

첫째, 고객이 직접 인정한 차별점은 반드시 시스템으로 만들어 모든 직원이 동일하게 실행하도록 했다. 고객의 칭찬과 불만, 그 모든 신호가 우리의 매뉴얼이 되었다.

둘째, 내가 완벽하게 시연할 수 없는 기술은 직원에게 가르치지 않는다. 이 원칙은 나중에 브랜드를 확장할 때 가장 중요한 기준이 되었다.

셋째, 고객의 피드백을 가장 정확한 데이터로 삼았다. 미국 고객들의 솔직한 평가는 내가 놓친 부분을 정확히 짚어주는 최고의 나침반이었다.

넷째, 한국에서는 기본이었던 것이 여기서는 프리미엄이라는 사실을 절대 잊지 않았다.

그 확신은 곧 현실이 되었고, 고객의 증가는 매장의 성장으로, 성장은 네 번의 확장으로 이어졌다.

3장.
네 번의 확장, 시장이 길을 열어주었다

시카고 파크 리지(Park Ridge)에서 시작된 매장은 노스브룩(Northbrook), 링컨 파크(Lincoln Park)로 이어졌고, 다시 노스

브룩에 헤드 스파 전문점을 추가로 열기까지 총 네 번의 확장을 거듭했다.

파크 리지 1호점이 안정기에 접어들었을 때, 사업 확장은 운이나 기회가 아닌 철저한 시장 분석에 기반한 전략적 판단의 결과여야 한다고 믿었다.

나는 확장을 단순히 사업이 잘된다는 증거로 여기지 않았다.

비즈니스는 치밀한 기획의 산물이며, 때로는 목숨을 걸어야 할 만큼 치열한 과정이라는 경영 철학을 가지고 있었기 때문이다. 따라서 확장은 시장의 흐름을 정확히 읽고 다음 단계를 설계하는 고도의 전략적 판단으로 간주했다.

확장을 결정하기에 앞서, 나는 감에 의존하는 대신 철저한 관찰과 데이터 분석을 선행했다.

이는 2003년 미국에 처음 왔을 때부터 비즈니스를 지탱해 온 관찰 중심의 운영 철학을 그대로 따른 것이었다.

고객의 구성, 지역의 문화적 특성, 상권의 성격, 인구의 흐름, 그리고 경쟁 강도에 이르기까지 모든 변수를 하나하나 관찰하며 데이터를 축적했다.

나는 확장이란 결코 운이 아니라, 시장을 정확히 읽어내는 판단력의 결과물이라고 굳게 믿었다.

두 번째와 세 번째 확장은 각 지역의 고객 특성과 상권의 고유한 흐름을 읽어내는 정교한 분석을 통해 이루어졌다.

두 번째 매장이 위치한 노스브룩(Northbrook)은 한국식 프리미엄 서비스의 성공 가능성을 증명한 곳이다.

시카고의 안정된 중산층이 거주하는 이 지역은 고객의 동선이 일정하고 재방문 비율이 높아, 높은 수준의 한국식 프리미엄 케어를 경험할 준비가 된 고객층이 두텁다는 것을 의미했다.

2호점인 노스브룩점은 전적으로 고객들의 요청으로 시작되었다. 시카고에서 가장 부유한 동네 중 하나인 노스브룩은 우수한 학군과 고급 주택가가 밀집한 곳으로, 한국의 청담동과 같은 지역이었다.

당시 그곳에 거주하던 이웃들이 파크 리지 매장까지 오가는 것이 부담스럽다며 노스브룩에 지점을 내달라고 꾸준히 요청했다.

파크 리지(Park Ridge) 1호점에서 쌓은 경험은 이곳에서 더욱 뚜렷한 성공 공식으로 나타났다. 고객들은 "이런 디테일은 처음"이라며 자발적으로 리뷰를 남기고 지인에게 적극적으로 소개했다.

이 경험을 통해 나는 한국식 기준을 고수하는 것이 미국 시장에서 살아남는 유일한 전략이며, 그 자체가 곧 프리미엄이라는 사실을 다시 한번 확신하게 되었다.

세 번째 확장지인 링컨 파크(Lincoln Park)를 결정할 때는 데이터 분석과 더불어 공간이 가진 고유한 기운을 중요한 판단 기준으로 삼았다.

링컨 파크는 시카고 시내(Downtown)에서 일하는 젊은 전문직 종사자들이 많이 거주하는 고급 주거지역으로, '여피타운(Yuppie Town)'이라 불리는 곳이다.

나는 매장을 열기 전에 스스로에게 "내가 이곳에서 하루 8시간을 앉아 있어도 좋은 기운이 느껴지는가?"라는 질문을 반드시 던진다.

이는 단순한 감정적 기준이 아니다.

공간의 기운과 상권의 흐름이 조화를 이루지 못하면 아무리 뛰어난 기술을 갖추어도 고객의 자연스러운 유입이 어렵다는 경험에서 비롯된 실질적인 운영 원칙이다.

이처럼 감각과 실행력의 조화가 비즈니스의 전부라는 철학이 반영된 것이다.

링컨 파크 상권은 단골 고객이 형성되기 좋은 구조였고, 다양한 인종과 연령층이 어우러져 있어 K-Beauty가 자연스럽게 스며들 수 있는 최적의 환경이었다.

나의 예상은 정확했고, 세 번째 매장은 브랜드의 인지도를 더욱 빠르게 확산시키는 중요한 기점이 되었다.

결국 모든 확장은 감각적 결정이 아닌, 시장 분석과 고객 흐름, 그리고 브랜드 포지셔닝에 기반한 철저한 전략의 결과물이다.

이미 확실한 고객 기반을 확보한 시점에서 도심으로의 진출은 브랜드를 주류 시장에 알리는 결정적인 한 수였다.

이러한 확장의 과정은 파크 리지에서 시작해 노스브룩, 링컨 파크로 이어지는 브랜드 확장 로드맵과 정확히 일치했다. 이것은 미국 중부라는 블루오션을 공략하기 위한 치밀한 전략의 일부였다.

네 번의 확장은 빠른 속도로 진행되었지만, 결코 서두름 속에서 이루어진 것이 아니라 시장이 길을 열어주고 있다는 명확한 신호가 나타났을 때만 실행되었다.

확장을 고려하는 첫 번째 신호는 리뷰, 재방문, 상담 기록 등에서 일정한 패턴이 확인되어 고객이 지속적으로 늘어나고, 이를 감당하기 위한 체계적인 시스템이 필요해질 때였다.

두 번째 신호는 확장의 기반이 되는 직원 교육과 매뉴얼이 안정적으로 운영될 때였다.

브랜드의 힘은 체계적인 직원 교육에서 나오며, 이는 7일간의 본사 교육, 3일간의 현장 교육, 그리고 일대일 맞춤 교육으로 구성된 안정적인 시스템을 통해 구현되었다.

마지막 세 번째 기준은 해당 지역이 한국식 기준을 프리미엄으로 받아들일 준비가 되었는가에 대한 확신이었다.

이처럼 고객 증가로 인한 시스템의 필요성, 안정된 직원 교육 시스템, 그리고 시장의 수용성이라는 세 가지 기준이 모두 충족되었을 때, 시장은 자연스럽게 새로운 길을 열어주었다.

결국 네 번의 확장은 단순히 매장 수를 늘리는 물리적 성장이 아니라, 브랜드의 철학이 시장에 의해 검증되고 인정받는 과정 그 자체였다.

성공적인 확장의 핵심은 속도가 아니라, '준비되었을 때만 확장한다'는 명확한 원칙을 지키는 데 있었다. 나의 원칙은 확고했다.

기술의 기준을 결코 낮추지 않고, 사소한 디테일 하나도 놓치지 않으며, 고객과는 그들의 언어로 소통하는 것이다.

또한, 체계적인 시스템이 완벽히 준비되지 않았을 때는 절대로 확장하지 않았고, 공간이 가진 고유의 기운을 읽는 것을 중요한 판단 근거로 삼았다. 이 모든 기준은 결국 '품질이 충성도를 만든다(Quality creates loyalty)'는 신념으로 귀결된다. 네 번의 성공적인 확장은 내가 길을 만든 것이 아니라, 시장이 나의 기준을 알아보고 스스로 길을 열어준 결과였다.

K Beauty Spa 청담
SEOUL & CHICAGO

PART 2

K-Beauty는 왜 미국에서 통했는가

4장.
한국식 기준은 미국에서 프리미엄이 된다

미국 스파 비즈니스에서 발견한 가장 큰 시장 기회는 한국에서 기본으로 여겨지는 디테일이 미국에서는 전례 없는 고급 기술로 평가받는다는 사실이었다.

내가 한국에서 배운 관리 방식은 정해진 순서, 정확한 압력, 일정한 리듬, 그리고 손끝의 감각까지 모든 과정이 정교한 구조로 설계되어 있다.

하지만 미국의 많은 스파에서는 이러한 디테일들이 필수 요소가 아닌 선택 요소에 가깝게 취급되었다. 이처럼 한국식 디테일이 미국에서 프리미엄이 되는 현상은 양국의 기술 수준, 문화적 배경, 그리고 고객의 기대치 차이에서 비롯된 것이다.

내가 추구해 온 K-Beauty의 본질은 단순한 피부 개선을 넘어 고객의 얼굴에 '광채(glow)'를 만들어주는 것이다. 이 광채는 스킨케어 제품만으로 얻을 수 있는 것이 아니다.

그것은 림프(lymph, 신체 조직의 노폐물을 운반하는 액체)의 흐름이 열리고, 근막(fascia, 근육을 감싸는 얇은 막)의 긴장이 풀리며, 얼굴·목·두피가 하나의 흐름으로 정렬될 때 나타나는 자연스러운 변화다. 바로 이 광채가 내가 미국 시장에 가져온 K-Beauty의 핵심적인 차별성이다.

미국 시장에서 통하는 한국식 기준의 힘은 크게 세 가지로 말할 수 있다.

첫째, 손기술 중심의 정교함, 즉 '손의 예술(The Art of Touch)'이다.

한국의 스킨케어 기술은 단순히 제품을 바르는 행위를 넘어선다.

손끝으로 근막과 림프, 그리고 근육의 흐름까지 정교하게 읽어내는 기술을 포함한다. 이를 기반으로 즉각적인 리프팅 효과를 구현하는 기술은 미국 고객들에게 한 번도 경험해 보지 못한 새로운 차원의 관리였다. 특히 손끝의 섬세한 감각과 정확한 압력은 고객이 관리의 질을 판단하는 핵심 기준이 되었다.

"마치 누군가 나를 진심으로 신경 써주는 느낌이다"라는 한 고객의 피드백은 한국식 기준을 더욱 철저히 유지해야 하는 강력한 근거가 되었다.

둘째, 정해진 순서와 흐름을 철저히 지키는 기술, 즉 구조가 신뢰를 만든다는 원칙이다.

한국식 관리에는 얼굴에서 시작해 목, 어깨, 두피로 이어지는 체계적인 흐름이 존재한다.

이는 고객의 신체 반응을 예측하고 즉각적인 변화를 만들어내기 위한 고도의 기술적 설계이다. 미국 시장에서는 이처럼 정해진 순서, 즉 프로토콜(protocol)의 중요성을 강조하는 스파가 드물었다.

따라서 모든 과정이 표준화된 한국식 구조는 고객에게 더욱 특별하고 전문적인 경험으로 다가갔다.

정확한 순서, 손의 압력, 심지어 준비물 하나까지 표준화된 시스템과 함께 한국에서 직접 들여온 최첨단 K-Beauty 기기들을 도입했다. 제품과 장비, 그리고 시술 프로세스까지 한국과 동일하게 구현한 이 시스템은 서비스의 질을 일정하게 유지하며 고객의 신뢰를 쌓는 기반이 되었다.

세 번째는 '기준'을 지키는 브랜드의 힘이다.

한국식 기준이 미국에서 프리미엄으로 인정받는 가장 큰 이유는, 확고한 기준을 일관되게 지키는 브랜드가 드물기 때문이다.

미국 스파 시장에는 기술력보다 마케팅을 앞세워 품질의 일관성을 유지하지 못하는 경우가 많다. 반면 기술, 디테일, 시스템, 교육에 이르기까지 모든 요소에서 일관성을 추구하는 K-Beauty는 근본적으로 다르다.

'기준을 낮추지 않는다'는 원칙과 '품질이 충성도를 만든다(Quality creates loyalty)'는 신념, 그리고 '기준이 성공을 정의한다(Standards define success)'는 철학은 바로 이 일관성을 지키기 위해 존재한다.

이 기준을 흔들림 없이 유지할 때, 비로소 고객은 브랜드 자체를 신뢰하게 된다. 즉, 기준이 곧 브랜드가 되는 것이다.

한국식 기준이 미국 시장에서 강력한 경쟁력을 갖는 또 다른 이유는 미국 고객들이 '즉각적인 변화'를 선호하는 특성 때문이다.

이들은 한국 고객처럼 장기적인 관점으로 여러 회차에 걸친 점진적인 개선보다는, 관리 직후 눈에 보이는 변화를 강하게 원한다. '지금 바로 변화가 느껴져야 한다'는 것이 이들의 핵심적인 요구사항이며, 관리 전후를 비교하는 사진(Before & After)을 신뢰의 중요한 척도로 삼는다.

이러한 시장의 특성을 파악하여 한국식의 정교한 디테일과 미국식의 결과 중심적 접근법을 결합한 새로운 관리 구조를 만들었고, 이것이 바로 가장 강력한 경쟁력이 되었다.

진정한 의미의 한국식 기준은 단순히 기술력에만 국한되지 않으며, 고객에게 전달되는 총체적인 경험으로 완성되어야 한다.

정확한 순서, 손의 압력, 시술 도구 디테일 하나까지 표준화하고 한국에서 직접 들여온 최첨단 K-Beauty 기기들을 도입하는 것만으로는 충분하지 않다.

미국 고객은 서비스를 받기 전에 이 관리를 왜 받아야 하는지, 현재 어떤 과정이 진행되고 있는지, 그리고 관리 후에는 어떤 변화를 기대할 수 있는지 명확하게 이해하기를 원한다.

그들은 단순히 시술을 받는 것을 넘어, 피부 상식을 배우고 자신의 근본적인 문제를 해결하고 싶어 했다. 이처럼 제품과 장비, 시술 프로세스는 물론 설명 방식까지 한국과 동일하게 구현한 시스템은 서비스의 질을 일정하게 유지하며 고객의 신뢰를 쌓는 기반이 되었다.

이러한 고객의 요구에 부응하기 위해 기술뿐만 아니라 소통의 모든 요소를 미국 고객의 눈높이에 맞춰 전면적으로 재구성했다.

미국 고객은 과하지 않은 압력을 선호하는 동시에, 모든 과정에 대해 충분한 설명을 들었을 때 비로소 만족하고 신뢰한다. 따라서 사용하는 언어, 설명의 논리, 안내 멘트, 상담의 흐름까지 모든 요소를 체계적으로 설계하여 새로운 서비스를 창출했다.

결국 한국식 기준은 미국 시장에서 단순한 고급 기술이 아닌, 하나의 고급 철학으로 받아들여진다. 이 기준을 확고하게 유지하는 것은 고객의 선택으로 이어지고, 그 선택은 긍정적인 후기와 재방문이라는 결과로 나타난다.

이는 다시 새로운 고객을 유치하는 선순환 구조를 만든다. 이 견고한 구조가 시카고에서의 네 번의 확장을 가능하게 했으며, 지금의 브랜드를 만든 근간이 되었다. 한국의 기준이 해외에서 프리미엄 가치를 지닌다는 사실은 이 모든 과정을 통해 입증된 가장 명확한 결론이다. 기준이 곧 성공을 만드는 것이다.

K-Beauty는 얼굴을 바꾸는 기술이지만, 고객의 삶을 바꾸는 것은 단 2%의 변화다.

이 2%의 작은 변화는 고객의 자존감을 끌어올리고, 거울 속 자신과의 관계를 긍정적으로 다시 쓰게 만든다.

5장.
미국 고객과 한국 고객은 완전히 다르다

미국과 한국 시장의 가장 큰 차이는 피부 타입이나 제품이 아닌, 바로 문화였다. 많은 사람이 기술이나 제품에서 답을 찾으려 하지만, 현장에서 직접 부딪히며 깨달은 본질적인 차이점은 문화에 있었다.

처음 미국 고객을 마주했을 때 그들은 자신의 만족과 불만을 매우 명확하게 표현했다. 서비스가 좋으면 그 자리에서 다음 예약을 잡았고, 무언가 마음에 들지 않으면 즉시 이야기했다. 이처럼 돌려 말하는 법이 없는 솔직함은 처음에는 당황스러웠다.

한국에서는 불만이 있어도 조심스럽게 표현하거나 아예 말하지 않는 경우가 많았기 때문이다. 하지만 시간이 지나면서 이것이 오히려 기회라는 것을 알게 되었다. 고객이 원하는 것과 부족한 점을 즉시 파악할 수 있었으므로, 이는 시장의 요구를 가장 빠르게 파악하는 통로가 되었다.

한국 고객과 미국 고객이 가장 크게 다른 점은 '시간'에 대한 관점이었다. 한국 고객은 비교적 여유롭게 두세 번 관리를 받고 나서 변화가 나타나도 충분히 만족하며, 장기적인 관점으로 피부를 바라본다.

그들은 “꾸준히 관리하면 좋아지겠지”라는 믿음을 갖고 기다려준다.

하지만 미국 고객은 완전히 달랐다. 오늘 관리를 받았다면 오늘 당장 거울 속에서 변화를 확인하고 싶어 했다. “다음에 좋아질 거예요”라는 말은 그들에게 통하지 않았다.

지금, 바로 이 순간의 변화가 곧 신뢰의 증거였다.

이러한 문화적 차이를 깨달은 후, 관리 방식을 즉각적인 효과가 보이도록 조정했다.

한국 고유의 섬세함은 그대로 유지하면서도, 부기 완화, 피붓결 정돈, 리프팅 효과, 톤 정리, 그리고 눈가와 턱선의 미세한 변화처럼 즉각적인 결과가 나타나는 부분을 더욱 강화했다.

고객이 관리를 마치고 거울을 보았을 때 스스로 “어? 뭔가 달라졌네!”라고 느끼게 만드는 것, 그것이 바로 미국 시장에서 생존하기 위한 가장 강력한 무기였다.

압력 강도에 대한 선호도 역시 두 고객층 사이에서 흥미로운 차이를 보였다.

한국 고객들은 대체로 어느 정도 강한 압력을 선호하며, ‘시원하다’는 느낌과 함께 제대로 관리를 받았다는 만족감을 얻는다.

반면 미국 고객들은 훨씬 더 정교한 접근을 요구했다.

압력이 너무 강하면 통증을 느끼고, 너무 약하면 효과가 없다고 판단하는 경향이 있었다. 그들이 원하는 것은 사람마다 다른, 섬세하게 조절된 적정한 강도였다.

이 문제를 해결하기 위해 3단계 확인 시스템을 만들었다.

처음에는 관리 전에 구두로 선호하는 압력 강도를 질문한다.

그다음에는 실제로 손을 이용해 가볍게 압력을 확인하며 "이 정도면 괜찮으세요?"라고 묻는다. 마지막으로, 관리하는 동안에도 "지금 압력은 어떠세요?"와 같이 지속적으로 상태를 확인한다. 이 작은 디테일 하나가 고객 만족도를 극적으로 바꾸었다. 동일한 기술이라도 압력을 정확히 맞추는 것만으로 완전히 다른 경험을 제공할 수 있었다.

미국 고객에게는 과정에 대한 상세한 '설명'이 신뢰를 구축하는 데 매우 중요한 요소로 작용했다.

한국 고객은 전문가에 대한 기본적인 신뢰를 바탕으로 "선생님이 알아서 잘해 주시겠지"라는 생각으로 관리를 맡기는 경향이 있다.

과정을 일일이 설명하지 않아도 편안하게 전문가에게 몸을 맡긴다. 하지만 미국 고객은 달랐다. 그들은 이 관리를 왜 받아야 하는지, 현재 어떤 단계가 진행되고 있는지, 관리 후 어떤 변화를 기대할 수 있는지 명확히 이해하기를 원했다. 단순히 시술을 받는 것을 넘어, 피부 관련 지식을 배우고 근본적인 문제를 해결하고자 하는 욕구가 강했다. 이들은 쉽게 믿지 않지만, 한번 신뢰가 형성되면 그 관계는 매우 오래 지속된다.

처음에는 이러한 요구가 익숙하지 않아 관리에만 집중하려 했다. 그러나 "지금은 림프 순환(림프계의 체액 순환)을 돕는 마사지를 하고 있습니다" 또는 "이 단계는 피부 깊은 곳까지 영양을 전달하는 과정입니다"와 같이 각 단계를 설명해 주자 고객의 표정이 바뀌는 것을 목격했다.

긴장이 풀리고 신뢰가 쌓이는 것을 보며, 설명이 단순한 친절이 아니라 서비스의 핵심이라는 사실을 깨달았다. 그래서 '설명' 자체를 하나의 독립된 서비스로 정의하고, 상담 스크립트부터 압력 설명 방식, 관리 중 코멘트까지 모든 것을 구조화했다. 이 부분은 훗날 직원을 교육할 때도 가장 중요한 요소로 다루어졌다.

결국 두 시장의 고객이 추구하는 만족의 본질이 달랐다.

물론 모든 고객이 동일한 것은 아니지만, 전체적인 경향성은 명확했다.

한국 고객은 편안한 분위기, 정서적 교감, 온전한 휴식과 같은 '경험' 자체를 중시한다.

그들에게 관리는 마음까지 치유하는 하나의 의식과 같으며, 피부 개선은 그 과정에서 자연스럽게 따라오는 장기적인 목표이다. 반면 미국 고객들은 훨씬 더 '결과 중심적'이었다. 그들은 지금 당장 눈에 보이는 변화, 측정 가능한 효과, 논리적으로 설명되는 과정, 그리고 사진으로 증명할 수 있는 전후 비교에 높은 가치를 두었다.

이 차이를 이해하고 나자, 동일한 기술을 사용하더라도 모든 것을 다르게 설계해야 한다는 점이 명확해졌다.

설명 방식, 관리 속도, 프로그램 구성에 이르기까지 모든 요소를 재검토해야 했다. 이는 단순히 '기술을 현지화'하는 차원을 넘어, '경험 자체를 현지화'하는 과정이었다. 미국과 한국 고객의 이러한 근본적인 차이는 결국 비즈니스 운영 방식 전체를 재고하게 만드는 계기가 되었다.

6장.
고객은 솔직하고, 시장은 정직하다

미국 시장의 가장 큰 특징은 고객과 시장의 '솔직함'이었다.

고객들은 만족하면 만족한다고 즉시 표현했고, 불만이 있을 때도 무엇이 문제인지 돌려 말하는 법 없이 정확히 짚어주었다.

불만족스러워도 조용히 발길을 끊는 경우가 많은 한국의 문화와는 대조적이었다. 이 시장에서는 화려한 언변이나 마케팅 이미지가 통하지 않았고, 오직 결과만이 고객의 신뢰를 얻는 유일한 방법이었다.

고객이 원하는 바는 명확했으며, 이는 곧 서비스의 핵심 목표가 되었다.

관리를 마친 후 거울을 보았을 때 확실한 변화를 느끼는 것, 관리 전후 사진에서 선명한 차이를 확인하는 것, 부기가 빠지고 피부 톤이 정돈되며 얼굴선이 살아나는 것, 그리고 이 모든 변화가 인위적이지 않고 자연스러워야 한다는 것이었다.

이 네 가지 기준이 충족되면 고객은 굳이 권유하지 않아도 스스로 다음 예약을 잡았고, 하나라도 부족하면 그 이유를 정확히 지적해 주었다. 결국 시장의 언어는 '결과'였으며, 나는 그에 부응하기 위해 기술을 더욱 정교하게 다듬고 관리 순서를 미국 고객의 기준에 맞춰 완전히 재설계했다.

고객의 피드백을 시스템 개선의 신호로 여기고, 모든 문제는 개인의 실수가 아닌 시스템의 허점에서 비롯된다는 원칙을 세웠다.

미국 고객의 피드백은 때로 날카롭고 직설적이었지만, 나는 그것을 두려워하기보다 오히려 감사하게 생각했다.

정확한 피드백이야말로 완벽한 시스템을 만드는 유일한 길이었기 때문이다. 나의 철학은 "문제는 후퇴가 아니라 신호다"라는 한 문장으로 요약된다.

고객이 불편함을 표현하면 즉시 그 원인을 기술, 설명, 상담, 환경 등 다각도에서 분석했다.

그리고 찾아낸 해결책을 전 직원과 공유하고 즉시 매뉴얼에 반영하여 같은 문제가 반복되지 않도록 시스템을 보완했다. 직원을 탓하는 것은 쉽지만 근본적인 해결책이 될 수 없다.

시스템이 제대로 갖춰져 있다면 누가 그 일을 하더라도 동일한 수준의 결과가 보장되어야 하며, 문제가 발생했다는 것은 곧 시스템에 보완할 부분이 있다는 의미이다.

모든 피드백, 심지어 불만이나 클레임까지도 시스템을 완성하는 가장 중요한 데이터로 활용했다.

예를 들어, 한 고객이 "압력이 너무 강했다"라고 지적했다면, 이는 단순히 담당 직원의 실수가 아니라 압력을 확인하는 절차가 부족하다는 시스템의 신호로 해석했다.

그 결과, 관리 전후와 중간에 총 세 번에 걸쳐 압력을 확인하는 '3단계 압력 확인 시스템'을 만들었다. 또한 "무슨 관리를 받는지 잘 모르겠다"란 의견에는, 관리 단계마다 진행 과정과 기대 효과를 설명하는 스크립트를 제작하여 대응했다.

이렇게 문제에 대한 해결책이 하나씩 쌓이면서 우리만의 독자적인 서비스 매뉴얼이 완성되었고, 이 매뉴얼은 어떤 직원이 관리하더라도 일관된 품질을 유지하는 핵심적인 역할을 했다.

사업 확장의 시점은 시장이 보내는 명확한 데이터를 통해 결정되었다.

예약 대기 시간이 점차 길어지고 특정 요일에는 빈 시간대를 찾기 어려워졌으며, 재방문율은 꾸준히 70~80%를 유지했다.

이러한 지표들은 감이 아닌 데이터에 근거한 확장의 적기임을 보여주는 시장의 명확한 신호였다. 나의 기준은 '직원 교육과 운영 매뉴얼이 안정적으로 정착되고 고객 흐름이 지속적으로 증가하면, 시장은 스스로 길을 열어준다'는 것이었다.

이러한 원칙에 따라 이어진 네 번의 확장은 모두 성공적으로 이루어졌다. 이는 시장이 보내는 신호를 충실히 따랐기 때문에 가능한 일이었다.

결과로 모든 것을 평가하는 미국 시장의 정직함은 나의 경영 스타일과 완벽하게 부합했다.

나는 본래 주관적인 감각보다 명확한 기준과 데이터를 기반으로 의사결정을 내리며, '느낌'보다는 '측정 가능한 변화'를 신뢰하는 성향을 가졌다. 과장이나 포장이 통하지 않고 오직 결과만이 유일한 평가 기준이 되는 정직한 시장의 특성은 나에게 잘 맞았다.

나는 실력만으로 결과를 증명할 수 있는 이 환경이 그 어떤 곳보다 공정하다고 느꼈다. '품질이 충성도를 만들고, 기준이 성공을 만든다'라는 나의 오랜 철학이 미국 시장에서는 그대로 통용되었다.

결론적으로 미국 고객의 솔직함은 브랜드를 성장시킨 가장 강력한 동력이었다.

고객의 즉각적인 반응을 통해 무엇을 개선하고 강화해야 할지 명확히 파악할 수 있었다. 날카로운 피드백은 시스템의 허점을 보완하는 귀중한 계기가 되었고, 동시에 진솔한 긍정적 후기는 새로운 고객을 자연스럽게 유입시키는 최고의 마케팅 수단으로 작용했다. 시장은 정직했고, 그 정직함은 브랜드를 더욱 견고하게 만들었다. 나는 그 시장의 언어, 즉 결과로 소통하는 법을 철저히 배우고 실천했다.

PART 3

브랜드를 만든 철학

7장.
고객 중심, 문제 해결 중심 - 흔들림 없는 기준

브랜드가 성장할수록 가장 먼저 흔들리는 것은 '기준'이며, 이를 지키는 것이 브랜드의 생명력을 유지하는 핵심이다.

매장과 직원의 수가 늘어나면 서비스의 일관성이 무너지기 시작하고, 예상치 못한 문제들이 곳곳에서 발생한다. 빠르게 성장하던 브랜드가 한순간에 무너지는 이유가 바로 여기에 있다.

나는 사업 초기부터 기준을 타협하는 순간 브랜드의 생명력도 끝난다고 확신했다. 나의 브랜드가 꾸준히 성장할 수 있었던 근본적인 이유는 이 기준이 단 한 번도 흔들리지 않았기 때문이다.

진정한 '고객 중심'이란 단순히 친절한 태도를 넘어, 고객을 기술보다 먼저 그리고 더 깊이 이해하는 것을 의미한다.

나는 고객의 피부 상태뿐만 아니라 그들의 생활 습관, 문화적 기대치, 말로 표현하지 않는 불편함, 그리고 원하는 결과의 수준까지 모든 요소를 종합적으로 파악하고자 노력한다. 이처럼 고객을 완벽하게 이해하면, 기술은 자연스럽게 고객을 중심으로 재편된다.

예를 들어, 미국 고객이 즉각적인 변화를 원한다면 그에 맞게 기술을 조정하고, 명확한 설명을 원하면 설명을 시스템화한다. 또한 중간 강도의 압력을 선호하는 경향을 파악하여 3단계 압력 확인 절차를 도입하는 식이다. 결국 진정한 고객 중심은 고객의 감정과 경험을 섬세하게 읽어내 문제를 예측하고 사전에 차단하는 것이다.

고객 중심 철학을 현실에서 구현하기 위해 서비스부터 운영, 광고에 이르기까지 모든 과정을 표준화했으며, 특히 체계적인 교육 시스템을 구축하는 데 가장 큰 노력을 기울였다. 모든 직원은 입사 후 정해진 교육 과정을 반드시 거쳐야 했다.

먼저 본사에서 7일간 브랜드 철학, 기술, 상담 방법, 고객 응대 등 모든 기본기를 배우는 집중 교육을 받는다. 그 후 현장에 투입되어 3일간 실제 고객을 응대하며 실전 경험을 쌓고 부족한 점을 보완한다. 마지막 단계는 개인별 약점을 집중적으로 보완하는 일대일 맞춤 교육으로 이어진다.

이러한 표준화된 과정을 거치면 어떤 직원이 관리하더라도 동일한 수준의 결과를 낼 수 있었다. 기술의 표준화는 곧 브랜드 기준의 유지였으며, 이는 브랜드의 생명력과 직결되는 문제였다. 매뉴얼은 단순한 지침서가 아니었다. 그것은 고객의 피드백, 문제 해결 사례, 개선 과정 등 브랜드가 축적한 모든 경험과 노하우가 담긴 살아있는 문서였다.

견고한 시스템이 있으면 담당자가 바뀌어도 브랜드의 정체성과 품질은 흔들리지 않는다.

매뉴얼은 한번 만들어지고 고정되는 것이 아니라, 고객의 반응을 반영하여 끊임없이 진화하는 살아있는 문서였다.

나는 고객의 반응을 지속적으로 관찰했다. 좋으면 즉시 표현하고 불만이 있으면 눈빛만으로도 드러내는 미국 고객의 솔직함은 브랜드를 개선하는 가장 빠르고 정확한 데이터였다.

고객이 직접 불만을 이야기하지 않더라도 나는 그들의 표정, 반응, 질문, 심지어 호흡의 변화까지 세심하게 살폈다. 이 모든 관찰 결과는 기록되었고, 매뉴얼을 더욱 정교하게 다듬는 기초 자료가 되었다.

고객이 느끼는 '작은 불편'은 매뉴얼을 수정해야 한다는 신호였고, 고객의 '작은 칭찬'은 브랜드가 나아가야 할 방향을 알려주는 명확한 지표였다.

추상적으로 들릴 수 있는 '기준'의 본질은 바로 구체적인 '태도'였으며, 이는 리더로부터 시작되어 조직 전체로 확산된다.

나에게 기준이란 결코 안주하지 않는 태도, 언제나 고객을 우선으로 생각하는 태도, 문제를 회피하지 않고 정면으로 마주하는 태도였다.

또한 변화를 두려워하지 않고 스스로 먼저 움직이며, 책임을 다른 사람에게 전가하지 않는 태도이기도 했다. 이러한 리더의 태도는 직원에게 전해지고, 다시 고객에게 전달되어 마침내 매장 전체를 아우르는 강력한 브랜드 문화를 형성한다.

내가 아무리 "기준을 지켜라"라고 외쳐도, 나 스스로가 그 기준을 몸소 보여주지 않으면 아무도 따르지 않는다. 리더가 타협하면 직원도 타협하고, 리더가 흔들리면 브랜드 전체가 흔들리는 것은 당연한 이치이다.

결론적으로 흔들리지 않는 브랜드는 고객 중심의 구조, 예방 중심의 문제 해결, 그리고 실행의 일관성이라는 세 가지 원칙의 결합으로 완성된다.

첫째, 고객 중심은 감정적인 친절함을 넘어선 '구조'의 문제이다.

고객이 진정으로 원하는 것을 파악하고, 기술, 설명, 경험의 모든 요소를 그에 맞춰 설계하는 것을 의미한다.

둘째, 문제 해결은 사후 수습이 아닌 '예방'에 초점을 맞춘다. 문제가 발생하기 전에 시스템의 허점을 찾아 보완하고 구조 자체를 개선하여 동일한 문제가 반복되지 않도록 만드는 것이다.

셋째, 기준은 '실행의 일관성'에서 비롯된다. 철학, 기술, 교육, 매뉴얼, 태도 등 모든 요소가 동일한 방향을 향해 움직이며 말과 행동이 일치할 때 비로소 브랜드의 힘이 생긴다.

이 세 가지 원칙이 유기적으로 결합될 때, 브랜드는 외부의 변화에도 쉽게 흔들리지 않는다. 나는 앞으로도 이 기준을 절대 바꾸지 않을 것이며, 이 기준이 지금의 나를 만들었고 미래의 브랜드를 만들어갈 것이라 확신한다.

8장.
비즈니스는 결국 기획이다

비즈니스의 성패를 가르는 핵심은 기술이나 운이 아닌, 문제 정의부터 시스템 구축까지 아우르는 총체적인 기획력에 있었다.

스파 비즈니스를 시작했을 때 내가 유일하게 확신했던 것이 바로 기획력이었다. 나에게 기획이란 단순히 계획을 세우는 행위가 아니었다.

문제를 명확히 정의하고, 전체의 흐름(Flow)을 설계하며, 모든 실행 과정을 체계적인 구조(Structure)와 시스템(System)으로 만드는 것이었다. 나는 이 세 가지 요소가 브랜드를 결정한다고 믿었고, 결국 미국 시장에서 기획이 기술보다 강력하고 운보다 확실하다는 것을 증명해 냈다.

성공적인 기획은 새로운 것을 더하는 것이 아니라, '왜'라는 질문을 통해 현상의 근본 원인을 파악하는 것에서부터 시작된다.

나는 사업 과정에서 끊임없이 질문을 던졌다. "고객이 왜 재방문하지 않을까?", "왜 특정 요일에는 매출이 저조할까?", "직원들은 왜 동일한 품질을 유지하지 못할까?", "왜 시술 전후 결과의 편차가 발생할까?", "왜 동일한 불만 사항이 반복될까?" 등 수많은 질문에 대한 답을 찾는 과정 자체가 바로 기획이었다. 대부분의 사람들은 문제가 발생하면 단순히 해결하고 넘어가지만, 나는 그 문제가 '왜' 발생했는지 근본 원인을 파고들었다.

근본 원인을 찾아 해결하지 않으면 같은 문제는 반드시 다른 형태로 반복되기 때문이다. 질문이 바뀌면 관점이 바뀌고, 관점이 바뀌면 비로소 진정한 해결책이 보인다.

기획의 핵심은 고객이 경험하는 모든 순간을 정교하게 설계하여, 하나의 통합된 긍정적 경험을 만들어내는 것이다.

고객의 경험은 매장 문을 여는 순간부터 시작되어 매장을 나설 때까지 모든 것이 유기적으로 연결되어 있다. 매장의 향기, 조명의 밝기, 직원의 표정, 상담의 명확성, 관리 과정의 자연스러움, 그리고 마무리 설명의 이해도까지, 이 모든 개별 요소들이 모여 고객이 느끼는 통합된 경험을 형성한다.

고객이 최종적으로 "좋았다"라고 느끼는 것은 결코 우연의 산물이 아니다. 그것은 보이지 않는 모든 디테일이 치밀하고 정교하게 설계된 필연적인 결과이다.

우리 회사의 'Mindy Philosophy & SOP(표준 운영 절차)'는 단

순히 절차를 나열한 문서가 아니라, 누가 하더라도 동일한 결과를 만들어내는 '재현 가능한 브랜드'의 핵심 구조이다.

이 매뉴얼에는 서비스, 상담, 관리의 모든 단계별 절차가 하나의 유기적인 구조로 엮여 있다. 나는 이 정교하게 설계된 경험 구조가 사소한 변수에도 무너지지 않도록, 모든 과정을 철저히 분석하여 시스템으로 완성했다.

이 시스템은 7일간의 본사 교육, 3일간의 현장 실습, 1:1 점검, 그리고 재교육으로 이어지는 체계적인 과정을 포함한다. 직원이 바뀌거나 어느 지점을 방문하더라도 고객이 동일한 수준의 경험과 결과를 얻을 수 있어야 진정한 브랜드라고 할 수 있다.

나의 사업 확장은 결코 운에 기댄 것이 아니었으며, 명확한 기준과 데이터를 바탕으로 한 치밀한 기획의 결과였다.

나는 사업 확장을 결정하기에 앞서 다섯 가지의 명확한 기준을 세웠고, 이 모든 것이 충족될 때만 다음 단계로 나아갔다.

첫째, 고객의 방문 흐름이 일시적인 성장이 아닌 꾸준하고 지속 가능한 증가 추세를 보여야 했다.

둘째, 새로운 매장을 열더라도 기존의 품질을 그대로 유지할 수 있도록 인력과 교육 시스템이 안정적으로 운영되어야 했다.

셋째, 매출과 재방문율 같은 핵심 지표가 사전에 설정된 기준을 넘어서야 했다. 모든 판단은 감이 아닌 숫자에 근거해야 한다.

넷째, 지역의 특성, 소득 수준, 상권의 동선을 철저히 분석하여 데이터를 기반으로 최적의 입지를 선정했다.

마지막으로, 내가 그 자리에 여덟 시간을 앉아 있어도 편안하고 좋은 기운이 느껴져야 한다는 다소 감각적인 기준도 중요했다. 내가 불편한 공간은 고객 역시 불편하게 느낄 것이기 때문이다.

이 다섯 가지 기준을 모두 만족시켰기에 모든 확장은 성공으로 이어질 수 있었다.

흔들리지 않는 브랜드를 구축하기 위해서는 모든 지점에서 완벽히 동일한 고객 경험을 제공해야 하며, 기획은 이를 가능하게 하는 비즈니스의 설계도 역할을 한다.

상담의 흐름, 관리 순서, 압력의 기준, 사용하는 서비스 문구, 매장 분위기, 장비 사용법, 고객 차트 기록 방식에 이르기까지 모든 요소가 오차 없이 통일되어야 한다.

명확한 설계도가 없다면 직원의 개인 역량에 따라 결과가 달라지고, 지점마다 다른 브랜드 경험을 제공하게 되어 결국 브랜드 전체가 흔들리게 된다. 따라서 기획이란 사람을 바꾸려는 노력이 아니라, 누가 하더라도 동일한 결과가 나오도록 구조를 바로잡는 과정이다.

비즈니스는 직감이나 감각이 아닌, 시장과 고객을 명확히 보여주는 숫자를 기반으로 운영되어야 한다. 나는 기획 단계에서부터 핵심적인 지표들을 가장 중요하게 살폈다.

재방문율, 시술 전환율, 고객 유지율, 리뷰 증가 속도, 직원별 관리 결과의 편차, 월별 시술 전후 결과의 일관성, 그리고 신규 고객 대비 재방문 고객 비율과 같은 수치들은 다음 행동을 결정하는 정확한 지도가 되어주었다.

물론 사업적 감각도 중요하지만, 그것은 시작점에 불과하다. '뭔가 이상한데?'라는 직감적인 신호가 오면, 나는 즉시 관련 데이터를 확인한다.

숫자는 그 막연한 이상함의 정체가 무엇인지 명확하게 알려주는 객관적인 근거가 되기 때문이다.

비즈니스의 완성은 기본 전제인 기술을 넘어, 문제 해결, 고객 여정 설계, 시스템 구축을 아우르는 기획력에 달려 있다.

우수한 기술은 당연히 갖추어야 할 기본기이지만, 기술만으로는 결코 강력한 브랜드가 될 수 없다. 진짜 차이는 기획에서 만들어진다.

비즈니스에서 발생하는 문제를 데이터로 정확히 해석하고, 고객의 모든 여정을 하나의 유기적인 흐름으로 설계하며, 누가 실행하더라도 동일한 결과가 나오도록 시스템을 구축하는 것.

이 세 가지 요소가 조화롭게 어우러질 때, 브랜드는 단순한 기술의 집합을 넘어 하나의 완결된 비즈니스 모델로 거듭난다. 나는 기획이 만든 명확한 기준이야말로 시장에서의 궁극적인 경쟁력을 만든다고 확신한다.

9장.
내가 달라지지 않으면 아무것도 달라지지 않는다

사업을 통해 얻은 가장 중요한 깨달음은, 모든 문제의 해결과 성장의 시작은 외부 환경이 아닌 바로 내 자신의 변화에 있다는 사실이다.

사업을 운영하다 보면 환경이나 직원, 심지어 고객을 탓하고 싶어지는 순간이 찾아온다. 하지만 거대한 미국 시장에서 사업을 키워오며 나는 하나의 냉정한 진실과 마주해야 했다.

그것은 바로 '내가 달라지지 않으면 아무것도 달라지지 않는다'라는 것이다. 리더인 나 자신이 먼저 변하지 않으면 문제는 끊임없이 반복될 뿐이며, 브랜드는 결코 성장할 수 없다. 미국 시장은 이 냉정한 진리를 몸소 증명해 보인 거대한 스승이었다.

미국 사업 초기, 가장 큰 장애물은 기술이나 언어가 아닌 문제의 원인을 외부에서 찾으려는 내면의 목소리와의 싸움이었다.

문제가 발생할 때마다 '직원이 기준을 지키지 않아서', '고객들이 너무 솔직해서', '시장이 지나치게 냉정해서', 혹은 '문화적 차이가 커서'라는 생각들이 끊임없이 고개를 들었다.

이처럼 문제의 원인을 외부에서 찾으려는 마음이야말로 성장을 가로막는 가장 큰 적이었다. 남을 탓하는 것은 쉽지만 스스로를 바꾸는 것은 어렵다.

하지만 나는 문제를 외부에서 찾는 동안에는 결코 성장할 수 없다는 사실을 깨달았다. 피해의식에 사로잡히는 순간, 비즈니스를 지탱해야 할 기준마저 흔들리기 시작한다. 리더인 내가 흔들리면 모든 것이 흔들릴 수밖에 없다. 따라서 문제를 해결하기 위해서는, 먼저 그 문제를 바라보는 나 자신의 태도부터 바꿔야만 했다.

가장 먼저 '문제는 개인의 실수가 아니라 시스템의 허점에서 비롯된다'는 원칙을 세우고, 사람을 탓하는 대신 구조를 개선하는 데 집중했다.

과거의 나는 문제가 생기면 누가 실수했는지를 먼저 찾았고, 개인의 역량 차이를 당연하게 여기며 "저 직원이 실력이 부족해서 생긴 일"이라고 단정 짓고 넘어갔다.

하지만 이제는 접근 방식을 완전히 바꾸었다. 어떤 문제가 발생하면 왜 그런 상황이 벌어졌는지 근본적인 원인을 분석하고, 사람을 바꾸려 노력하는 대신 동일한 실수가 반복되지 않도록 구조 자체를 수정했다. 이 작은 태도의 전환이 비즈니스의 모든 것을 바꾸는 결정적인 계기가 되었다.

구조가 바로 서자 직원들이 달라지기 시작했고, 직원들의 변화는 고객 경험의 질적 향상으로 이어졌다. 향상된 고객 경험은 마침내 브랜드의 일관성을 완성시켰으며, 그 모든 긍정적 변화의 시작은 바로 나의 태도 변화였다.

리더가 스스로 세운 기준을 지키지 않으면 조직 전체의 기준이 무너지므로, 리더는 자신이 먼저 매뉴얼을 철저히 준수하는 모습을 보여야 한다.

리더가 흔들리면 브랜드 전체가 흔들린다. 만약 내가 피곤하다는 이유로 기준을 조금씩 낮추기 시작하면, 직원들 역시 자연스럽게 기준을 완화하게 된다.

고객은 이러한 미묘한 서비스 품질의 차이를 즉각적으로 감지하며, 브랜드는 서서히 신뢰를 잃고 결국 무너지고 만다. 이처럼 기준은 리더에게서 시작되고, 또한 리더에게서 무너진다.

그래서 나는 내가 먼저 매뉴얼을 지켰다.

고객 응대 기준을 엄격히 준수하고 시간 약속을 철저히 지켰으며, 변화의 필요성을 누구보다 먼저 인정하고 받아들였다.

리더가 기준을 지키는 모습을 보이면 직원들은 자연스럽게 그 뒤를 따르지만, 리더가 단 한 번이라도 흔들리는 모습을 보이면 공들여 쌓아 올린 모든 것이 순식간에 무너질 수 있다.

사람은 '지시'가 아닌 '기준'에 반응하며, 리더가 먼저 변하여 기준을 직접 보여줄 때 비로소 팀원들이 스스로 움직이기 시작한다.

미국에서 사업을 하며 깨달은 중요한 진실 중 하나는 이것이다. 과거에 어떤 직원에게는 특정 문제에 대해 열 번을 말해도 달라지지 않았다.

하지만 내가 먼저 태도를 바꾸고 그 기준을 직접 행동으로 보여주자, 놀랍게도 그 직원이 스스로 변하기 시작했다. “이렇게 해”라고 지시했을 때는 움직이지 않았지만, 내가 그 기준 자체가 되자 비로소 변화가 일어난 것이다.

이처럼 태도는 전염되며, 리더의 태도는 곧 팀 전체의 태도가 된다. 내가 변하자 직원들은 스스로 배우고 기준을 지키며 문제를 해결하기 시작했다.

그 결과 직원의 설명은 명확해졌고 관리는 일관성을 갖추었으며, 고객 피드백과 재방문율은 눈에 띄게 증가했다. 고객은 정직하기에 직원의 변화에 즉각적으로 반응하며, 그 모든 변화의 시작점은 바로 나 자신이었다.

브랜드의 성장은 리더의 성장을 결코 넘어설 수 없으며, 리더의 역량, 기준, 시야, 철학이 곧 브랜드의 한계가 된다. 사업이 커질수록 이 확신은 더욱 굳어졌다.

내가 변하면 시스템이 변하고, 시스템이 변하면 브랜드가 변한다. 여기에는 어떠한 예외도 없었다. 리더의 성장이란 두 가지를 의미한다.

첫째는 작은 성공에 안주하지 않고 끊임없이 더 정교하고 높은 기준을 세우는 것이며, 둘째는 불편함을 피하지 않고 문제의 근본 원인을 깊이 파고들어 정면으로 마주하는 것이다. 이 두 가지가 함께 이루어질 때, 브랜드의 성장은 자연스럽게 뒤따라왔다.

브랜드는 리더의 역량이라는 그릇의 크기를 절대 넘어서지 못한다. 리더의 기준이 브랜드의 기준이 되고, 리더의 태도가 직원의 태도가 되며, 리더의 시야가 브랜드가 확장할 수 있는 범위의 한계가 된다. 브랜드의 철학 역시 리더의 철학 그 자체가 되는 것이다.

따라서 브랜드가 한 단계 더 도약하기를 원한다면, 리더는 먼저 "내가 변해야 한다"라고 스스로에게 끊임없이 되뇌어야 한다.

모든 변화는 리더의 내부에서 시작되며, 바로 그 변화가 브랜드의 미래를 결정한다. 환경을 탓하기 전에, 직원을 탓하기 전에, 시장을 탓하기 전에 나 자신을 먼저 돌아봐야 한다.

내가 달라지지 않으면, 아무것도 달라지지 않는다. 이것이 내가 미국에서 배운 가장 크고 중요한 교훈이다.

Mindy 성공 철학 8가지

- 남들이 하지 않는 것을 내가 먼저 한다.
- 자존감을 높이는 것은 단 2%의 변화다.
- 미래는 책임지는 사람에게 열린다.
- 어제 배운 것을 오늘 적용할 때 성장은 시작된다.
- 나는 하루 25시간을 사는 마음으로 움직인다.
- 처음의 약속은 끝날 때까지 지켜져야 한다.
- 나는 '내일을 사는 여자'가 되기로 선택했다.
- 모든 선택은 결국 나를 위한 선택이어야 한다.

PART 4

고객이 나를 선택하게 만든 기술과 대화

10장.
페이셜은 예술이다: 기술과 감각의 조화

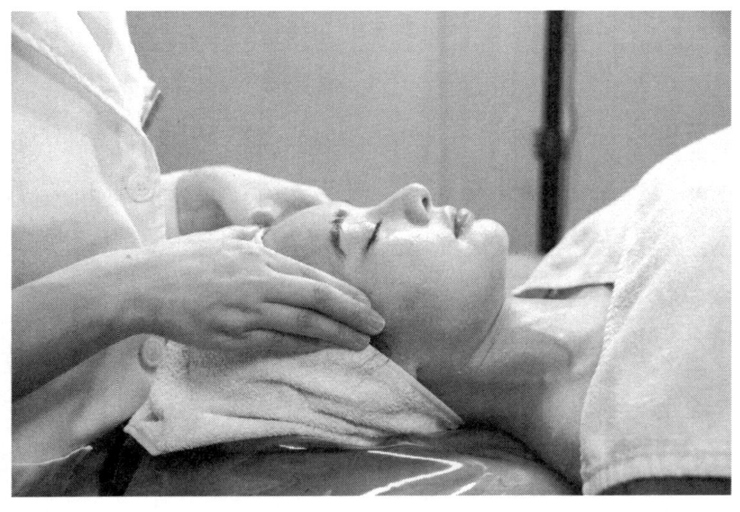

진정한 페이셜은 단순한 피부 관리를 넘어, 기술과 감각, 판단력이 조화를 이루는 예술의 경지에 이른다. 어떻게 그렇게 빨리 고객의 피부 상태를 파악하는지 묻는 사람들이 많다. 그 대답은 간단하다. 20년 동안 수천 명의 얼굴을 직접 관리해 왔기 때문이다. 많은 사람이 페이셜을 단순한 피부 관리 기술로 생각하지만, 페이셜은 본질적으로 예술과 같다.

훌륭한 예술 작품이 도구를 다루는 기술만으로 완성되지 않듯이, 페이셜 역시 기술만으로는 결코 완성되지 않는다.

진짜 차이를 만드는 것은 그 기술을 '언제, 어떻게' 사용해야 할지 정확히 아는 감각과 판단력이다. 기술은 누구나 배울 수 있지만, 감각은 끊임없는 관찰과 기록을 통해서만 길러진다. 그리고 판단력은 그 감각이 충분히 쌓였을 때 비로소 발현된다.

이 세 가지 요소가 완벽한 조화를 이루는 순간, 고객이 경험하는 페이셜은 단순한 관리를 넘어선 하나의 예술이 된다.

고객의 상태를 정확히 파악하는 핵심은 눈이 아닌 손끝의 감각에 있으며, 손끝은 얼굴의 미세한 변화와 문제점을 거짓 없이 알려준다. 고객의 얼굴을 관리할 때, 나는 눈이 아닌 손끝으로 먼저 상태를 파악한다. 손끝의 감각은 결코 거짓말을 하지 않기 때문이다.

부종이 어디에 쌓여 있는지, 근막(근육을 둘러싼 얇은 막)이 어느 방향으로 당겨지는지, 림프(체내 노폐물을 운반하는 액체)의 흐름이 어디에서 막히는지, 피붓결이 어느 지점에서 끊어지는지, 그리고 얼굴의 긴장이 어느 쪽에 먼저 반응하는지 등의 모든 정보를 손끝으로 정확히 읽어낸다.

한 고객의 사례를 통해 이를 설명할 수 있다. 눈으로 보기에는 그저 피곤해 보이는 얼굴이었지만, 손을 얹는 순간 나는 즉시 알 수 있었다. 왼쪽 턱 라인에 림프가 심하게 막혀 있고, 오른쪽 광대뼈 아래의 근막이 팽팽하게 당겨져 있다는 사실을 말이다. 그래서 나는 일반적인 관리 순서를 과감히 바꾸었다. 림프 순환부터 활성화하고 근막을 충분히 풀어준 다음, 마지막 단계에서 리프팅을 진행했다. 관리가 끝난 후 거울을 본 고객은 놀라움을 감추지 못하며 "어떻게 이렇게 달라졌어요?"라고 물었다. 이것은 마법이 아니라, 손끝으로 읽어낸 정보를 바탕으로 정확하게 판단한 결과일 뿐이다.

페이셜이 예술이 되는 이유는 단 1밀리미터의 이동이나 1초의 멈춤과 같은 아주 작은 차이가 모여 엄청난 결과를 만들어내기 때문이다. 단 1밀리미터의 이동, 1초의 멈춤, 5퍼센트의 미세한 압력 조절, 그리고 리듬의 섬세한 변화와 같은 것들이 바로 그것이다.

이러한 작은 차이들이 축적되어 관리 전후의 선명하고 극적인 결과를 창출한다. 특히 미국 고객들이 가장 크게 반응했던 지점이 바로 이 디테일의 힘이었다.

한 고객이 첫 관리 후 남긴 "당신의 관리는… 누군가 정말로 신경 써준 느낌이에요"라는 후기는 이를 잘 보여준다. 고객이 감동한 것은 화려한 장비나 특수한 기술이 아니었다. 관리의 모든 순간에 아주 작은 디테일 하나까지 놓치지 않는 나의 정성 어린 손길이었던 것이다.

감각이 고객의 상태를 '읽는 능력'이라면, 판단력은 그 정보를 바탕으로 관리의 전체 흐름을 실시간으로 '결정하는 능력'이다. 감각을 통해 얻은 정보를 바탕으로 관리의 모든 순간에 최적의 결정을 내리는 것이 바로 판단력이다. 예를 들어, 오늘 고객의 부종이 심하다면 림프 순환을 먼저 활성화해야 할지, 아니면 근막을 먼저 풀어야 할지를 결정해야 한다.

턱선이 무너졌을 때는 근막부터 풀 것인지, 아니면 리프팅부터 시작할 것인지 순서를 정해야 한다. 또한 피부 톤이 칙칙할 때는 림프와 혈행 관리를 강화하고, 고객이 받은 스트레스로 인해 근육에 방어 반응이 나타나면 압력을 낮추고 일정한 리듬을 유지하는 등 순간마다 최선의 답을 찾아야 한다.

이처럼 감각과 판단력, 그리고 고객과의 깊은 연결성이 조화를 이룰 때 비로소 고객이 원하는 즉각적인 변화가 나타난다. 기술은 단순히 손끝에서 끝나는 것이 아니다. 그것은 손을 움직이게 하는 정교한 판단의 구조 속에서 비로소 완성된다.

진정한 페이셜 예술은 혼신을 다해 고객을 케어하는 마음가짐에서 시작된다.

내가 말하는 예술이란, 피아니스트가 연주에 혼을 담고 화가가 작품에 영혼을 불어넣듯이, 에스테티션이 얼굴 관리에 혼을 담아내는 것을 의미한다. 기술이 아무리 정교해도 혼이 담기지 않으면 그것은 단순한 작업에 불과하다. 하지만 한 사람 한 사람을 향한 진심과 열정이 손끝을 통해 전해질 때, 비로소 그 관리는 예술이 된다.

혼을 담는다는 것은 고객의 피부 상태뿐만 아니라 그 사람의 하루, 감정의 흐름, 그리고 삶의 무게까지 함께 읽어내려는 자세를 의미한다. 관리하는 순간만큼은 오직 그 한 사람에게만 온전히 집중하며, 나의 모든 감각과 에너지를 쏟아붓는 것이다. 이것이 바로 내가 추구하는 페이셜 예술의 본질이다.

미국 고객들이 원한 것은 사람마다 다른 최적의 압력이었으며, 이를 위해 체계적인 소통과 관찰을 통해 맞춤형 관리를 제공했다.

미국 고객들은 압력에 대해 까다롭다기보다 정교한 기준을 가지고 있었다. 너무 강하면 불편하다고 표현했고, 너무 약하면 효과가 없다고 분명히 말했다. 그들이 원하는 것은 그 중간 지점인 최적의 압력이었지만, 문제는 이 기준이 사람마다 전부 다르다는 점이었다.

그래서 나는 고객 개개인에게 맞는 최적의 압력을 찾기 위한 체계적인 과정을 정립했다. 먼저 관리 시작 전에 "어느 정도의 압력을 선호하세요?"라고 직접 물어 기본 설정을 파악한다.

그 후 첫 터치에서부터 고객의 표정, 호흡, 근육의 미세한 반응까지 세심하게 살피며 압력을 조절한다. 고객이 직접 말하지 않아도 몸은 정직하게 반응하기 때문이다.

그리고 관리 중간에 두세 번 "지금 압력은 어떠세요?"라고 다시 확인하는 과정을 거친다.

이것은 단순한 기술이 아니라, 고객 한 사람 한 사람에게 집중하는 예술적 배려의 영역이다.

얼굴에 나타나는 문제는 전신 순환과 연결되어 있기에, 나는 관리를 목과 어깨, 두피까지 확장하여 근본적인 해결책을 제시했다. 많은 스파가 페이셜을 얼굴에만 국한된 관리로 생각하지만, 나는 이를 다르게 접근한다.

얼굴은 독립된 부위가 아니라 전신 순환의 일부이며, 얼굴에 나타나는 문제는 단순히 피부만의 문제가 아니다. 림프(체내 노폐물을 운반하는 액체), 근막(근육을 둘러싼 얇은 막), 근육의 긴장 상태 등 모든 것이 전신의 흐름과 유기적으로 연결되어 있다.

따라서 나는 얼굴만 관리하지 않고, 목과 어깨, 두피까지 관리 범위를 확장하여 전체적인 순환의 흐름을 연결한다. 미국 고객들에게 이러한 접근은 전혀 새로운 경험이었다. "왜 목까지 관리하는 건가요?"라고 묻는 고객에게 나는 "얼굴의 림프는 목을 통해 배출됩니다. 목이 막히면 얼굴도 부을 수밖에 없어요"라고 설명한다.

이처럼 전체적인 연결성을 이해하고 관리할 때, 얼굴의 변화는 훨씬 빠르게 나타나며 고객의 만족도는 극대화된다.

수년간의 방대한 관찰과 기록을 통해 고객의 상태에 대한 패턴을 발견했으며, 이것이 바로 예술적 감각의 근원이다. 사람들은 어떻게 그렇게 빨리 고객의 상태를 파악하는지 반복해서 묻는다. 그 답은 지극히 단순하다. 모든 것을 관찰하고 기록했기 때문이다.

나는 고객의 작은 피부 변화, 표정, 호흡, 관리 중 나타나는 미세한 반응까지 하나도 놓치지 않고 전부 기록했다. 20년간 수천 명의 얼굴을 만지며 그 안에서 명확한 패턴을 찾아냈다.

어떤 유형의 부종은 주로 특정한 패턴으로 나타나고, 특정 부위의 근막 긴장은 보통 다른 부위와 연결되어 있다는 사실을 깨달았다. 또한, 특정 피부 반응에는 어떤 관리가 가장 효과적인지에 대한 데이터를 축적했다. 예술은 타고난 재능에서 비롯되는 것이 아니다.

수많은 반복 속에서 패턴을 읽어내는 깊은 안목이 생길 때 비로소 탄생한다. 그 혹독했던 훈련의 시간이 지금의 나를 만든 것이다.

궁극적으로 고객이 나의 페이셜을 특별하게 기억하는 이유는 기술을 넘어선, 진심으로 신경 써주고 있다는 마음이 전달되었기 때문이다. 미국 고객들이 내 페이셜을 특별하게 기억하는 이유는 단지 뛰어난 기술 때문만이 아니다.

그 안에 담긴 '진심으로 신경 써주는 느낌' 때문이다. 한 고객이 남긴 "Your facial feels like··· someone really cared(당신의 관리는··· 누군가 정말로 신경 써준 느낌이에요)"라는 후기가 모든 것을 말해준다. 예술적인 페이셜은 손끝의 기술만으로 완성되지 않는다.

그것은 고객을 향한 진정한 마음에서 완성된다. 그 마음이 손끝을 통해 고스란히 전해질 때, 비로소 기술은 예술의 경지에 이른다.

11장.
고객 마음을 여는 대화법

아무리 뛰어난 기술도 고객의 마음이 닫혀 있으면 온전히 전달될 수 없다. 신뢰를 구축하는 첫 단추는 바로 전문적인 대화 기술이다.

미국에서 스파를 운영하며 이 사실을 뼈저리게 깨달았다. 미국 고객들은 자신의 의견을 솔직하게 표현하는 만큼, 처음에는 경계심도 매우 컸다. 그들은 아직 나를 신뢰하지 않았고, 내 관리 스타일을 모르며, 내 기술이 자신에게 어떤 결과를 가져다줄지에 대한 의문으로 가득했다.

이처럼 굳게 닫힌 마음의 문을 여는 가장 중요한 열쇠가 바로 대화이다. 여기서 말하는 대화는 단순한 친절함이 아니라, 고객과의 깊은 신뢰를 구축하는 고도로 전문적인 기술을 의미한다.

상담의 진짜 목적은 고객을 설득하는 것이 아니라, 전문가에 대한 확신과 안정감을 느끼게 하는 것이다. 많은 전문가들이 고객을 설득하려 애쓰는 실수를 저지른다.

하지만 미국 고객에게 일방적인 설득은 부담으로 작용하며, 오히려 역효과를 낳는다. 상담의 목표는 고객에게 “이 전문가는 나를 제대로 파악하고 있구나”, “이 사람을 믿어도 되겠구나”, “내 얼굴을 맡겨도 안전하겠구나”와 같은 안정감을 주는 데 있다.

이를 위해 나는 대화에서 몇 가지 핵심 원칙을 지킨다. 먼저, 고객의 현재 상태를 정확히 진단하고 설명한다. “이 부위에 부종이 조금 있네요. 림프 흐름이 막혀 있어서 그렇습니다”라고 말하면, 고객은 전문가가 자신의 상태를 정확히 보고 있다는 사실에 믿음을 갖기 시작한다. 다음으로, 오늘 관리를 통해 얻게 될 긍정적인 결과를 미리 알려준다.

“오늘 관리가 끝나면 부기가 빠지고 얼굴선이 한결 정돈될 겁니다”처럼 예측 가능한 상황을 만들어주면 고객은 안심한다. 또한, 전문 용어 사용을 지양하고 명확한 일상 언어로 짧고 간단하게 전달한다. 어려운 말은 고객을 더욱 불안하게 만들 뿐이며, 설명은 양보다 명확성이 중요하기 때문이다.

관리 시작 전 간단한 질문을 통해 고객에게 선택권을 부여함으로써, 고객의 경계심을 허물고 마음을 여는 결정적인 계기를 마련한다.

나는 관리 시작 직전에 몇 가지 질문을 던진다. “오늘 가장 신경 쓰이는 부분이 있으세요?”, “압력은 어느 정도가 편하세요?”, “요즘 피부 컨디션은 어떠세요?”와 같은 간단한 질문들이지만, 이것은 고객의 경계심을 허무는 결정적인 시작점이 된다.

이러한 질문을 통해 고객은 자신이 ‘선택권’을 가지고 있음을 느끼기 때문이다. ‘내가 원하는 것을 말할 수 있구나’, ‘내 의견이 이 관리에 반영되는구나’, ‘나는 이 과정에 수동적으로 참여하는 것이 아니구나’ 하는 인식을 갖는 순간, 고객은 마음의 문을 열고 경계심을 내려놓는다. 이처럼 대화는 본 관리 기술을 위한 준비 작업일 뿐만 아니라, 고객의 마음을 여는 핵심 열쇠이다.

처음 방문한 고객의 불안감을 해소하기 위해, 관리 중에 진행되는 단계를 짧게 안내하는 것은 기술 과시가 아닌 세심한 배려이다.

처음 스파를 방문한 고객은 ‘내 얼굴은 어떻게 관리될까?’, ‘내 피부는 괜찮을까?’, ‘이 관리가 정말 효과가 있을까?’, ‘아프지는 않을까?’와 같은 다양한 불안감에 휩싸인다. 이러한 불안을 없애주는 것이 전문가의 중요한 역할이다.

그래서 나는 관리 중에 "지금은 부기를 먼저 풀어드리는 단계입니다", "이 동작은 리프팅 라인을 잡아주는 과정이에요", "압력을 조금 더 부드럽게 조절하겠습니다"와 같이 짧은 안내를 덧붙인다. 이 간단한 말 한마디가 고객을 안심시키고 편안한 상태로 이끈다. 이것은 기술을 과시하려는 목적이 아니라, 고객의 불안감을 해소하려는 세심한 안내이자 배려이다.

피부 지식을 전파하는 것 역시 고객과의 진정한 대화이며, 장기적인 신뢰를 구축하는 핵심 요소이다.

미국에서 스파를 운영하며 가장 놀라웠던 점은, 미국 고객들이 피부 관리에 대한 기본 상식이 한국 고객들에 비해 현저히 부족하다는 사실이었다. 한국에서는 당연하게 여겨지는 세안 방법, 선크림의 중요성, 기본적인 홈 케어 루틴과 같은 지식들을 미국 고객 대부분이 제대로 알지 못했다.

처음에는 이러한 현상이 의외였지만, 곧 이것이 중요한 기회라는 사실을 깨달았다.

아무리 스파에서 전문적인 관리를 받더라도, 집에서 올바른 홈 케어가 이루어지지 않으면 그 효과는 금세 사라지고 만다. 결국 관리의 지속성은 고객 스스로가 만들어가는 것이다.

그래서 나는 고객에게 집요할 정도로 피부 지식을 전달하는 것을 원칙으로 삼았다.

관리를 마친 후, 단순히 "좋은 제품 쓰세요"라고 말하는 대신, 왜 이 단계가 필요한지, 어떤 순서로 해야 하는지, 어떤 실수를 피해야 하는지를 구체적으로 설명했다.

"아침에 세안할 때는 미지근한 물로 부드럽게 하세요. 뜨거운 물은 피부 장벽을 약하게 만듭니다", "선크림은 매일, 실내에서도 발라야 합니다. 창문을 통해 들어오는 자외선도 피부 노화의 주범이에요", "밤에 클렌징은 두 번 하세요. 첫 번째는 메이크업과 노폐물 제거, 두 번째는 피부를 정말 깨끗하게 만들기 위해서입니다"

이렇게 하나하나 설명하면, 처음에는 "이렇게까지 해야 해요?"라며 놀라던 고객들이 점차 변화하기 시작했다. 몇 주 후 다시 방문한 고객들은 "당신이 알려준 대로 했더니 피부가 정말 좋아졌어요"라며 감사를 표했다. 그리고 자연스럽게 그들은 주변 사람들에게 우리 스파를 추천했다.

지식을 전파하는 것은 단순히 친절한 서비스가 아니다. 그것은 고객이 스스로 자신의 피부를 책임질 수 있도록 돕는 진정한 전문가의 역할이다. 그리고 그 노력은 반드시 결과로 이어진다.

안내받은 고객은 더 오래 머물고, 더 자주 방문하며, 더 열정적으로 브랜드를 지지하는 팬이 된다.

고객의 몸이 보내는 미세한 신호를 읽고 즉각적으로 관리를 조절하는 것은, 말보다 더 깊은 신뢰를 형성하는 과정이다. 때로는 말로 하는 대화보다 몸으로 나누는 대화가 훨씬 더 중요하다.

고객의 몸은 거짓말을 하지 않기 때문이다. 관리 중 눈꺼풀이 미세하게 떨리거나, 어깨에 긴장이 들어가고, 호흡이 가빠지는 등의 반응은 불편함의 신호일 수 있다.

턱선 근육이 방어적으로 굳어지는 것 역시 마찬가지다. 나는 이러한 신호를 포착하는 즉시 말없이 압력을 낮추고, 관리 속도를 조절하며, 전체적인 리듬을 바꾼다.

고객은 자신이 직접 “아파요”라고 말하지 않았음에도 전문가가 자신의 상태를 정확히 파악하고 조절해 주는 것을 느낀다. 바로 그 순간, 말로는 설명할 수 없는 깊은 신뢰가 형성된다. ‘이 사람이 내 몸의 소리를 정확히 듣고 있구나’ 하는 믿음은 관리 후의 만족도로 직접 이어진다.

관리가 끝난 후 구체적인 변화를 짚어주는 마지막 대화는 고객이 자신의 긍정적인 변화를 명확하게 인지하고 확신하게 만드는 심리적 장치이다.

관리가 모두 끝나고 고객이 자리에서 일어설 때, 나는 마지막 대화를 건넨다. “이 부위에 부종이 많이 쌓여 있었는데, 지금은 깨끗하게 풀렸어요”, “이쪽 근막이 조금 단단했는데, 훨씬 부드러워졌습니다”, “오늘은 리프팅 라인이 확실히 정돈되었네요”와 같이 구체적인 변화를 언급하는 것이다.

이 말을 듣는 순간, 고객은 자신의 얼굴에 일어난 변화를 더욱 명확하게 인지하게 된다. 실제로 얼굴은 변했지만, 이러한 설명이 있고 없고의 차이는 매우 크다. 마지막 대화는 고객의 긍정적인 경험을 ‘확신’으로 바꿔준다. 특히 결과를 중시하는 미국 고객에게 이 마지막 대화는 관리 효과를 극대화하는 중요한 심리적 장치로 작용한다.

고객의 재방문을 이끌어내는 것은 기술적 만족도, 정확한 감각, 세심한 설명, 그리고 편안한 대화라는 네 가지 요소가 모두 충족될 때이며, 이 중에서도 깊은 이해를 받았다는 감정적 기억이 고객을 열렬한 팬으로 만든다.

대화는 고객이 자신의 변화를 느끼고, 확신하며, 오랫동안 기억하게 만드는 기술의 연장선이다. 그리고 이러한 고차원적인 고객 경험의 바탕에는 고도화된 K-뷰티 기술과 최첨단 기기라는 강력한 기반이 있었다. 한국에서 직접 경험하고 배운 독보적인 시술법, 한국과 동일한 수준의 제품과 장비, 그리고 끊임없이 업데이트되는 최신 트렌드가 결합되어 미국에서도 한국과 똑같은 수준의 경험을 제공할 수 있었다.

고객은 뛰어난 기술 자체는 잊을 수 있지만, 전문가가 자신에게 설명해 주던 방식, 안심시켜 주던 태도, 그리고 자신을 깊이 이해해 주고 있다는 느낌은 오래도록 기억한다. 바로 그 기억이 고객을 단순한 소비자가 아닌, 브랜드의 열렬한 팬으로 만드는 원동력이다. 진정한 감동은 사소한 디테일과 배려에서 시작되며, 대화가 바로 그 출발점이다.

12장.
감동을 만드는 작은 디테일들

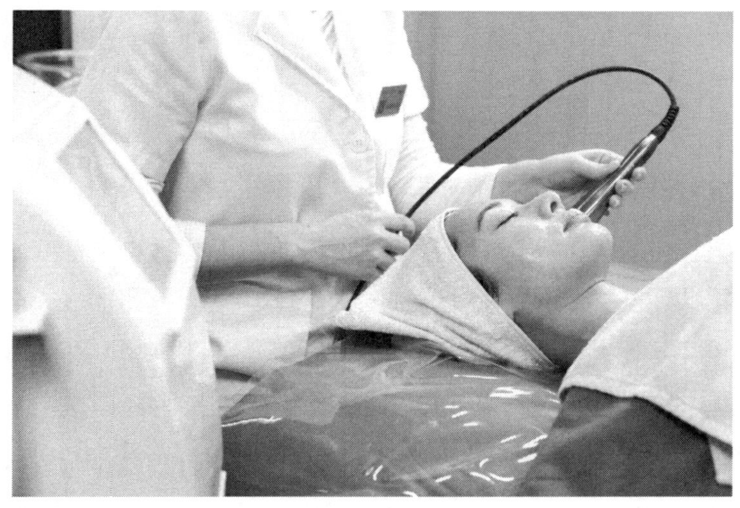

고객을 진정으로 감동시키는 것은 화려한 외형이 아닌, 예상치 못한 사소한 배려와 디테일이며, 이는 브랜드의 가장 강력한 인상으로 남는다.

고객의 마음을 움직이는 것은 값비싼 최신 기기나 화려한 고가 제품이 아니다.

오히려 예상하지 못한 지점에서 마주하는 작은 배려와 사소한 디테일이 더 큰 감동을 준다.

처음 방문했던 고객의 특징을 기억하는 것, 상담 차트에 개인적인 선호도를 꼼꼼히 기록해 두는 것, 언제나 정중하고 진심 어린 태도로 인사하는 것 등이 그 예이다.

겉보기에는 아주 사소해 보이지만, 바로 이런 작은 행동들이 모여 고객이 브랜드를 떠올릴 때 가장 오래 기억하는 강력하고 긍정적인 인상을 형성한다.

두 번째 방문한 고객의 사소한 정보를 기억하고 언급하는 것은, 기술이 주는 신뢰보다 더 빠르고 강력한 유대감을 형성한다.

처음 방문한 고객은 '내가 이곳에서 어떻게 보일까?', '낯선 환경에 잘 적응할 수 있을까?'와 같은 생각으로 긴장하기 마련이다.

이 긴장을 푸는 가장 효과적인 방법은 그들을 기억하고 있다는 사실을 명확히 보여주는 것이다. 두 번째 방문한 고객에게 "지난번에 턱선 부기 때문에 방문하셨죠? 그 이후로 상태는 어떠셨나요?" 혹은 "중간 강도의 압력을 선호하신다고 차트에 기록해 두었습니다"라고 말하는 순간, 고객의 표정은 편안함과 신뢰감으로 완전히 달라진다.

그들은 '나는 이곳에서 환영받고 있구나. 이곳은 나를 한 사람의 고객으로서 기억하고 있구나'라고 느끼게 된다.

이 감정은 기술이 주는 신뢰보다 훨씬 더 빠르고 강력하게 관계를 구축한다. 이것이 내가 모든 고객의 차트를 꼼꼼하게 작성하는 이유이다.

차트에는 피부 상태뿐만 아니라 선호하는 압력, 관리 중 나타나는 반응, 개선 사항은 물론, 고객이 나누었던 사소한 이야기까지 기록한다. 당장은 드러나지 않는 작은 디테일이지만, 바로 이 기록이 다음 방문에서 큰 감동을 만들어내는 기반이 된다.

고객 문의에 대한 신속한 응대는 단순한 서비스가 아니라, 고객의 기대를 뛰어넘어 새로운 비즈니스 기회를 창출하는 결정적인 태도의 문제이다.

미국 고객들은 매우 빠른 성향을 가지고 있어서 문의에 대한 답이 늦어지면 기다리지 않고 이미 다른 곳에 예약을 잡는다.

그래서 나는 확고한 원칙을 세웠다.

모든 메시지에는 즉시 답하고, 가능한 한 5분 안에 처리를 완료하는 것이다. 전화는 두 번 울리기 전에 받고, 예약 변경 요청 역시 5분 이내에 신속하게 처리한다.

이것은 기술의 문제가 아니라 온전히 서비스에 임하는 태도의 문제이다. 한번은 한 고객이 토요일 오후에 "월요일 예약이 가능한가요?"라는 급한 메시지를 보낸 적이 있다.

주말이었지만 나는 즉시 "네, 오전 10시와 오후 2시 중 선호하시는 시간이 있으신가요?"라고 답했다. 3분 후 고객에게서 "오전 10시로 부탁합니다. 그런데 주말인데도 이렇게 빨리 답해주셔서 정말 감사합니다"라는 답장이 왔다. 다음 주에 방문한 그 고객은 친구 두 명을 함께 데려왔다.

그녀는 친구들에게 "여기 정말 좋아. 응대가 완전히 다르거든"이라고 소개했다. 나의 빠른 응답 하나가 세 명의 신규 고객을 창출한 것이다.

관리 중 제공하는 간결하고 명확한 설명은 단순한 기본적인 지식만 전달하는 것이 아니라, 전문가가 고객의 상태를 세심하게 살피고 있다는 신뢰감을 주어 기술의 효과를 극대화한다.

나는 관리 중에 "지금은 림프 순환을 돕기 위해 림프절을 먼저 열어드리는 단계입니다", "이 부위에 부기가 집중되어 있어서 조금 더 집중적으로 관리하겠습니다"와 같이 간단한 설명을 덧붙인다.

"지금 이 관리는 물방울 리프팅관리로 콜라겐 감소로 인해 고민하시는 피부 처짐을 예방해 주는 관리입니다.", "이 yellow 라이트는 led 관리로 고객님의 예민한 피부를 진정시켜 주는 관리입니다."

길게 말할 필요 없이, 짧지만 명확하게 전달하는 것이 핵심이다.

이러한 설명이 고객에게 주는 것은 단순한 지식이 아니라 깊은 신뢰감이다.

고객은 '이 전문가가 내 상태를 정밀하게 파악하고 세심하게 관리하고 있구나'라는 느낌을 받는다.

바로 그 신뢰감이 기술을 가진 본래의 효과를 더욱 극대화하는 촉매제가 된다.

한국에서는 기본 예절인 90도 인사는 미국 고객에게 진심과 특별한 경험을 전달하며, 단 2초 만에 서비스의 가치를 완성하는 강력한 감성적 마침표가 된다.

모든 관리가 끝나면, 나는 고객에게 90도로 허리를 숙여 인사한다. 이는 한국에서는 기본적인 예절에 속하지만, 미국에서는 거의 볼 수 없는 광경이다.

처음에는 고객들이 다소 당황했지만, 그 감정은 이내 깊은 감동으로 바뀌었다.

그들은 나의 인사를 통해 '이 사람은 진심으로 나를 대하는구나', '내가 오늘 받은 서비스는 정말 특별한 경험이었어'라고 느끼게 된다. 이 인사는 단 2초에 불과하지만, 그 짧은 순간이 고객 경험의 마지막 감정을 완성하고 전체 서비스의 가치를 한 단계 끌어올리는 중요한 역할을 한다.

고객 리뷰는 한국에서는 당연하게 여겨지는 피부 지식과 최신 기술이 해외에서는 하나의 '신세계'로 받아들여지며, K-뷰티가 축적해 온 기술력과 전문성 자체가 감탄의 대상임을 명확히 보여준다. 한 고객은 리뷰에 "최고의 K-뷰티를 피부 고민에 맞춰 직접 경험해 보세요. 한국까지 갈 필요 없이, 바로 여기서 놀라운 피부를 만들 수 있어요"라고 썼다.

또 다른 고객은 "내가 경험한 최고의 페이셜은 K-뷰티였습니다. 당신의 피부 타입에 가장 적합한 관리가 무엇인지 정확히 아는 놀라운 전문가입니다. 제품도, 장비도 모두 진정한 한국에서 받는 느낌이였습니다"라고 평가했다.

"몇 년 동안 다녔는데, 관리 기계가 정말 최신식이에요. 피부에 대한 지식도 풍부하고, 항상 무엇을 해야 할지 정확히 알고 제안해 줘요"라는 후기도 있었다.

이 리뷰들을 통해 나는 한국에서는 당연한 피부 상식과 최신 기술이, 이곳에서는 하나의 '신세계'가 된다는 사실을 깨달았다. 그들이 감탄하는 것은 단순한 친절이나 서비스가 아니라, K-뷰티가 수십 년간 축적해 온 독보적인 기술력과 지식 그 자체였다.

고객의 경험은 매장 문을 여는 순간부터 시작되므로, 조명, 온도, 향, 음악과 같은 모든 감각적 요소를 세심하게 조율하여 기술이 온전히 발휘될 수 있는 완벽한 환경을 조성해야 한다.

페이셜 관리는 분명한 기술이지만, 그 기술이 온전히 빛을 발하기 위해서는 완벽한 환경이 뒷받침되어야 한다. 고객은 매장 문을 여는 순간부터 모든 것을 경험하기 시작한다.

그래서 나는 공간을 구성하는 모든 감각적 요소를 세심하게 점검한다. 조명이 너무 밝으면 눈이 피로하고, 너무 어두우면 불안감을 유발하지는 않는가. 몸에 닿는 린넨의 온도가 차가워 고객을 긴장시키거나, 너무 따뜻해서 불편함을 주지는 않는가. 공간의 향이 지나치게 강해 두통을 유발하지는 않는가. 배경 음악의 리듬이 관리 속도와 조화를 이루고 있는가.

음악이 너무 빠르면 고객의 몸이 긴장하기 쉽다.

특히 미국 고객들은 이러한 환경적 디테일에 매우 민감하게 반응하며, 서비스의 일부가 아닌 전체적인 경험의 완성도로 평가한다.

결국 고객이 브랜드를 기억하게 만드는 것은 사소하지만 진심이 담긴 디테일의 총합이다.

고객은 자신의 이름을 다정하게 불러주던 순간, 불편했던 부위의 압력을 정확히 조절해 주던 섬세한 손길, 긴장을 풀어주기 위해 건네던 짧고 따뜻한 설명, 관리가 끝난 후의 정중한 인사, 그리고 과거의 기록을 바탕으로 제공되는 완벽한 맞춤형 관리를 잊지 못한다.

이처럼 작은 디테일 하나하나가 겹겹이 쌓여 고객과의 깊은 신뢰를 형성하고, 그것이 곧 브랜드의 고유한 인격이 된다.

고객은 화려한 마케팅 문구보다 진심이 담긴 작은 디테일에서 브랜드의 진짜 인격을 느끼고, 바로 이 인격이 브랜드의 견고한 팬층을 만드는 가장 확실한 기반이 된다.

기술은 학습으로 얻을 수 있지만, 고객을 향한 진정한 태도에서 비롯되는 디테일이야말로 감동을 만들고 고객을 다시 찾게 하는 핵심 동력이다.

나는 기술 그 자체보다 디테일이 가진 힘을 더 굳게 믿는다.

기술은 시간과 노력을 통해 누구나 습득할 수 있는 영역이다. 하지만 진정한 디테일은 상대를 세심하게 신경 쓰는 태도, 작은 것 하나라도 기억하려는 태도, 그리고 상대를 깊이 배려하고 존중하는 태도에서만 비롯된다.

이 태도가 모여 비로소 의미 있는 디테일을 만들고, 그 디테일이 축적되어 고객에게 큰 감동을 선사한다. 그리고 그 감동이야말로 고객이 다시 돌아오게 만드는 가장 강력하고 지속 가능한 힘이다.

PART 5

리더십이 브랜드를 결정한다

13장.
리더는 마당을 직접 쓸지 않는다

리더가 모든 실무를 직접 처리하는 순간, 팀은 스스로 생각하기를 멈추고 조직의 성장은 한계에 부딪힌다. 매장을 운영하며 직원이 점차 늘어났지만, 나는 여전히 모든 일을 직접 처리하고 있었다.

매장 청소부터 재고 확인, 예약 관리, 심지어 화장실 휴지를 채우는 일까지 내 손을 거치지 않는 일이 없었다. 어느 날, 한 직원이 아무 일도 하지 않고 조용히 앉아 있는 것을 보았다.

"왜 일을 하지 않는가?"라고 묻기 직전, 나는 생각을 멈췄다.

그것은 직원이 일할 의지가 없어서가 아니라, 리더인 내가 모든 일을 독점하여 그에게 할 일이 남아있지 않았기 때문이었다.

그날 나는 리더가 모든 것을 직접 하면 팀은 생각을 멈춘다는 사실을 깨달았다. 내가 바꿔야 할 것은 직원의 태도가 아니라, 일이 원활하게 돌아갈 수 있는 '시스템' 그 자체였다.

리더의 역할은 마당을 쓰는 사람이 아니라, 마당이 더러워지는 근본적인 원인을 찾아내고 그것을 해결할 시스템을 구축하는 것이다.

리더가 팀원에게 그저 빗자루를 쥐여주는 데 그친다면, 직원들은 지시만을 기다리는 수동적인 존재가 된다. 동일한 문제가 반복되어도 원인을 파악하려 하지 않으며, 결국 리더 자신이 조직 성장의 병목 현상을 초래한다.

반면 리더가 구조를 다루기 시작하면, 직원들은 스스로 생각하며 문제에 접근하게 되고 실수는 현저히 줄어든다.

모든 지점의 운영 기준이 통일성을 갖추게 되면서 브랜드는 훨씬 빠른 속도로 확장될 수 있다.

결론은 명확하다. 리더가 가장 먼저 해야 할 일은 직원이 스스로 판단하고 행동할 수 있는 견고한 구조를 만드는 것이다.

리더가 흔히 빠지는 가장 큰 함정은 직원의 약점을 탓하는 것이며, 진정한 성장은 그 관점을 개인에서 시스템으로 전환하는 데서 시작된다.

과거의 나는 "왜 저 직원은 이것밖에 못할까?" 또는 "왜 내가 지시한 대로 하지 않을까?"라며 개인의 역량을 탓하곤 했다. 하지만 관점을 완전히 바꾸어야 한다는 것을 깨달았다. 직원의 약점은 그 개인의 문제가 아니라, 리더인 내가 효과적인 구조를 설계하지 못한 결과였다. 이 관점을 받아들인 이후, 직원의 모든 실수는 내가 개선해야 할 시스템의 신호로 보이기 시작했다. 나는 스스로에게 질문을 던졌다. 교육이 부족했는가? 매뉴얼의 설명이 모호했는가? 업무를 적용하는 기준에 일관성이 있었는가? 피드백이 즉각적으로 이루어졌는가? 이처럼 시스템의 약점을 하나씩 찾아 보완해 나가자, 직원들의 변화와 성장 속도는 눈에 띄게 빨라졌다.

팀은 리더의 복사본과 같아서, 리더가 사용하는 언어, 일상적인 태도, 업무 기준 등 모든 것이 팀 전체의 문화로 그대로 전파된다.

태도는 바이러스처럼 감염된다. 리더가 사용하는 언어, 일상적인 태도, 업무의 기준, 감정 표현, 문제를 해결하는 방식까지, 리더의 모든 것은 팀에 그대로 복제되어 퍼져 나간다.

리더의 태도가 곧 팀의 태도가 되는 것이다. 리더가 중심을 잃고 흔들리면 팀 전체가 흔들리고, 리더가 끊임없이 성장하면 팀도 함께 성장한다.

그래서 나는 결심했다. 내가 먼저 태도를 바꾸고, 내가 먼저 설정된 기준을 지키며, 내가 먼저 문제를 직면하고, 내가 먼저 해결책을 구체화하겠다고 말이다. 이 태도의 변화가 팀 전체의 동반 성장을 이끄는 가장 강력한 출발점이 되었다.

사람은 쉽게 변하지 않는다.

하지만 잘 설계된 구조는 사람의 행동을 바꾸고 성장을 이끌어내는 가장 강력한 도구다. 미국에서 네 번의 사업 확장을 거치며 나는 한 가지 명확한 진리를 깨달았다.

정교하게 설계된 시스템이 있으면, 누가 그 안에서 일하더라도 일정한 결과가 보장된다는 것이다. 점포 운영, 서비스, 관리, POS 시스템, 광고 집행에 대한 명확한 매뉴얼과 체계적인 교육 구조가 그것이다. 반대로 구조가 약하면 최고의 직원을 데려와도 결과는 불안정하게 흔들린다. 리더의 진정한 역할은 뛰어난 인재를 찾는 것을 넘어, 누구와 일하더라도 안정적인 결과를 만들어내는 견고한 구조를 설계하는 것이다.

직원의 성장을 이끄는 가장 중요한 동력은 리더의 존중하는 태도와 경청하는 자세다.

직원이 자신의 불만이나 의견을 자유롭게 말할 수 있는 문화가 브랜드의 수명을 길게 만든다. 리더가 모든 면에서 완벽할 수는 없지만, 직원들이 솔직하게 의견을 개진할 수 있는 문화는 브랜드의 내

구성을 크게 향상시킨다. 이를 위해 나는 몇 가지 원칙을 지켰다.

첫째, 직원의 불만을 개인적인 문제 제기로 받아들이지 않았다.

둘째, 의견을 들으면 즉시 개선 가능성을 판단하여 실행에 옮겼다.

셋째, 피드백은 감정이 아닌 객관적인 데이터를 기반으로 전달했다.

넷째, 무조건적인 칭찬보다는 명확한 기준을 알려주어 스스로 성장할 수 있도록 도왔다. 팀은 리더의 화려한 말보다 일관된 태도에서 더 큰 영감을 받는다.

리더는 눈앞의 문제를 해결하는 실행가가 아니다. 문제가 발생하는 근본 원인을 파악하고 이를 방지할 시스템을 설계하는 사람이다. 이것이 나의 리더십 철학을 한 문장으로 요약한다.

리더는 팀원의 작은 일을 대신해 주는 사람이 아니라, 문제의 원인을 읽어내고 그 원인을 바탕으로 명확한 기준과 시스템을 설계하여 팀이 성장할 수 있는 구조를 만드는 사람이다.

발생한 문제를 수습하는 사람이 아니라, 애초에 문제가 일어나지 않도록 예방하는 사람이다.

리더가 직접 마당을 쓸면 당장은 깨끗해 보인다.

하지만 구조 자체를 바꾸지 않으면 마당은 다음 날 어김없이 다시 더러워진다.

나는 내가 아닌 팀이 스스로 마당을 깨끗하게 관리할 수 있는 구조를 만드는 데 모든 노력을 집중했다. 그것이 지금의 브랜드를 만들었다.

14장.
팀의 색깔이 맞아야 오래간다

팀의 진정한 경쟁력은 인원수에서 나오지 않는다.

그것은 팀 고유의 색깔과 문화적 결속력에서 나온다. 리더십에서 가장 흔한 실수는 사람 수만 늘리면 팀이 강해질 것이라고 착각하는 것이다. 하지만 그것은 틀렸다. 팀의 색깔이 맞아야 오래갈 수 있다. 팀 고유의 문화와 결이 맞는 사람만이 함께 먼 길을 갈 수 있다.

색깔이 다른 사람들이 모이면 일하는 기준과 방식이 달라진다. 문제를 바라보는 시각에도 차이가 생긴다. 결국 이것은 내부적인 갈등으로 이어지고, 브랜드의 가장 중요한 자산인 일관성을 무너뜨린다. 그래서 나는 새로운 직원을 채용할 때 기술적인 역량보다 브랜드의 색깔과 맞는 사람인지를 가장 먼저 확인한다.

브랜드의 장기적인 성장에 기여하는 인재는 뛰어난 기술만 가진 사람이 아니다. 브랜드의 색깔과 기준을 온전히 받아들이는 사람이다. 미국에서 사업을 하며 나는 수많은 유형의 직원을 만났다. 어떤 직원은 관리 실력이 뛰어났지만, 정해진 매뉴얼을 무시하고 고객 응대도 자신의 스타일만 고집했다. 그는 팀워크보다 개인 플레이를 선호했다. 다른 직원은 기술이 평범했지만, 브랜드의 기준을 빠르게 익히고 팀 안에서 자연스럽게 조화를 이루었다. 브랜드가 추구하는 톤으로 고객을 응대했다. 결과적으로 브랜드에 남아 더 크게 기여한 것은 항상 후자였다.

팀의 색깔이 맞아야 오래간다. 기술보다 중요한 것은 정해진 기준을 맞출 수 있는 태도다. 기술은 교육을 통해 가르칠 수 있지만, 한 사람이 가진 고유의 태도와 기준은 바꾸기 어렵다. 그래서 브랜드와 '색깔'이 맞는 사람을 찾는 것이 무엇보다 중요하다. 강력하고 오래 지속되는 팀은 개개인의 기술의 합이 아니라, 공유된 가치관의 합으로 만들어진다.

미국 시장은 냉정하다. 고객의 반응이 매우 솔직하고, 시장은 끊임없이 결과로 증명하기를 요구하며, 브랜드는 절대적인 일관성을 유지해야 한다. 이런 환경 속에서 팀이 오래 살아남기 위해 가장 필요했던 것은 문제를 피하지 않는 태도였다. 문제가 발생했을 때 덮거나 회피하지 않는다. 문제의 본질을 깊이 파고들어 그 내용을 팀 전체와 투명하게 공유한다. 그리고 다시는 같은 실수가 반복되지 않도록 해결책을 매뉴얼로 만든다. 이 문화가 우리 팀의 근간이 되었다.

지속 가능한 팀을 구축하려면 세 가지가 반드시 필요하다.

첫째, 모든 구성원이 브랜드의 기준을 정확하게 이해해야 하는 명확한 기준이다. 기준이 명확하지 않으면 서비스 품질이 흔들리고, 이는 곧 고객 경험의 불안정성으로 이어진다.

둘째, 데이터 기반 소통이다. 감정적인 대응이 아닌 데이터를 기반으로 소통하는 팀 문화를 정착시켜야 한다.

셋째, 문제를 회피하지 않고 정면으로 마주하는 태도다. 이 세 가지 요소가 조화롭게 맞아떨어질 때, 팀은 비로소 장기적이고 안정적인 성장을 이룬다.

내 경험상 가장 위험한 결정은 브랜드와 색깔이 맞지 않는 사람을 억지로 팀에 붙잡아 두는 것이다.

성향의 충돌과 기준의 불일치는 필연적으로 팀 내부에 미묘한 긴장감을 조성하고, 결국 불안정한 고객 경험으로 나타난다. 브랜드의 정체성이 담긴 매뉴얼을 거부하는 태도는 조직 전체의 리듬을 무너뜨리고 모든 구성원의 에너지를 소모시킨다.

아무리 뛰어난 기술을 가진 인재라 할지라도 브랜드와 다른 색깔을 가졌다면, 과감히 함께하지 않는 결정을 내려야 한다. 팀은 각자의 색이 어우러져 아름다운 그림을 완성하는 컬러 팔레트와 같다. 서로 조화를 이룰 때 비로소 빛을 발한다.

팀의 고유한 색깔과 문화는 전적으로 리더의 색깔에서 시작되고 완성된다. 리더가 설정하는 기준이 곧 팀의 기준이 되고, 리더가 보여주는 태도가 팀의 태도로 자리 잡는다.

리더가 명확한 기준과 철학을 가지고 팀을 이끌 때 팀의 색깔 또한 선명해진다. 반대로 리더가 흔들리거나 모호한 태도를 보이면, 팀은 각자 다른 색을 내며 방향성을 잃게 된다.

그래서 나는 스스로에게 끊임없이 질문을 던진다. 나는 지금 어떤 색깔을 가진 리더인가? 내가 추구하는 브랜드의 색은 무엇인가? 그 색을 팀원들과 어떻게 공유하고 있는가?

리더가 자신의 색을 명확하게 정의하고 일관되게 보여줄수록, 팀은 자연스럽게 하나의 방향을 바라보며 나아간다. 팀의 색깔을 일관되게 유지하려면 브랜드 자체가 강력한 정체성을 가져야 한다.

브랜드의 색깔은 세 가지 핵심 요소로 구성된다.

첫째는 명확한 기준이다. 나는 한국식 디테일과 미국식 결과 중심주의를 결합한 기준을 세웠다. 이것이 해외 시장에서 프리미엄 가치를 만들어내는 원동력이 된다.

둘째는 확고한 철학이다. 철저한 고객 중심주의와 문제의 근본 원인을 해결하는 시스템 중심의 운영이 그것이다.

셋째는 일관된 태도이다. 존중과 경청을 바탕으로 직원이 자유롭게 의견을 말할 수 있는 문화, 그리고 정확한 피드백을 통해 함께 성장하는 것이다. 이 세 가지 요소가 강력하게 결합되어 브랜드의 색깔을 뚜렷하게 만들면, 새로운 직원이 합류하더라도 자연스럽게 그 색에 동화된다.

브랜드의 고유한 컬러가 강할수록 팀의 컬러는 외부 요인에 의해 쉽게 흐려지지 않는다.

결국은 내가 성공적으로 구축한 팀은 뛰어난 실력가들의 집합체가 아니었다.

브랜드와 같은 색깔을 가진 사람들의 공동체였다. 고객을 진심으로 대하는 따뜻한 마음, 사소한 부분까지 놓치지 않는 디테일에 대한 집착, 정해진 기준을 반드시 지키려는 책임감, 문제를 투명하게 공개하는 정직함, 그리고 브랜드의 철학을 스펀지처럼 빠르게 흡수하는 유연성.

이런 사람들이 모였을 때 팀은 가장 강력한 힘을 발휘했다. 팀은 강해지고 브랜드는 오래 지속됐다. 결국 팀은 단순히 '좋은 사람들의 모임'이 아니다. '같은 철학을 가진 사람들의 모임'일 때 비로소 진정한 의미를 갖는다.

15장.
교육 시스템이 브랜드의 힘이 된다

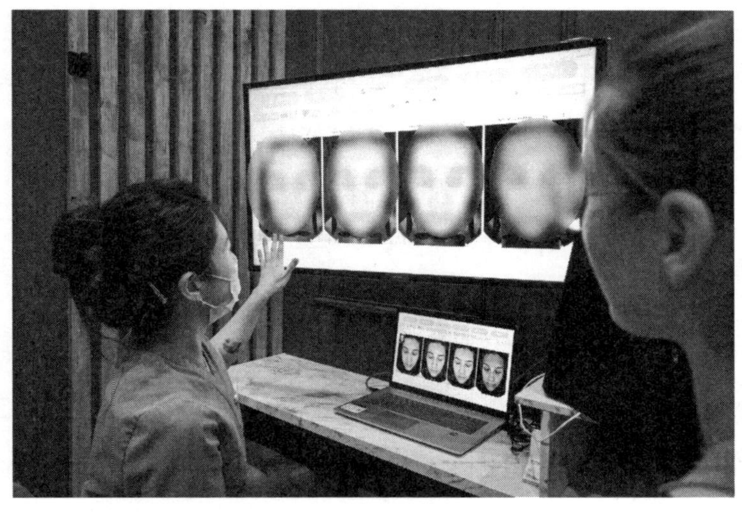

수많은 브랜드가 성장 과정에서 교육을 단순한 비용으로 치부한다. 하지만 그것은 틀렸다.

교육은 브랜드의 생명력을 지키는 유일하고도 가장 강력한 장치다. 특히 고객의 기준이 명확하고 평가가 솔직한 미국 시장 같은 환경에서는, 체계적인 교육 시스템의 부재가 브랜드의 모든 것을 한순간에 무너뜨릴 수 있다. 직원이 바뀌더라도 항상 동일한 수준의 결과물이 나오도록 만드는 견고한 시스템이 없다면 브랜드는 지속 불가능하다. 안정적이고 일관된 결과는 저절로 만들어지지 않는다.

오직 잘 설계된 교육 시스템을 통해서만 실현된다.

교육의 가장 핵심적인 목적은 단순히 기술을 전달하는 것이 아니다.

브랜드가 가장 중요하게 여기는 '기준'을 구성원의 몸에 체화시키는 것이다.

기준이 곧 브랜드의 정체성이다. 어떤 상황에서도 그 기준을 낮추지 않는 고집이야말로 시장에서 차별화되는 가장 강력한 무기다.

내가 직원에게 가르치는 것은 '기술'이 아니라 '철학'이다.

교육 과정에서 가장 중점적으로 다루는 세 가지 원칙이 있다.

첫째, 기술의 목적을 이해시킨다. 모든 기술에는 그것을 수행하는 명확한 목적이 있다. 이 목적을 깊이 이해할 때 기술은 비로소 흔들리지 않는 견고함을 갖춘다.

"왜 클렌징을 세 번이나 진행해야 하나요?", "왜 이 순서로 기기를 사용해야 하나요?", "왜 이 제품을 이 단계에서 도포하나요?", "왜 피부 분석을 관리 전에 반드시 해야 하나요?"

나는 모든 '왜'에 명확한 답을 주어야 한다고 믿는다. 그래야 직원이 상황에 맞춰 응용할 수 있다. 우리는 단순히 시간을 채우는 마사지 가게가 아니다. 우리는 피부 문제를 정확히 진단하고 해결하는 전문 케어 센터다. 그 차이를 직원 스스로 깊이 이해해야 한다.

둘째, 기준의 일관성을 체화시킨다. 압력의 세기, 시술의 속도와 리듬, 고객에게 전달하는 설명 방식까지, 모든 요소가 어떤 상황에서든 동일한 수준으로 유지되어야 한다. 일관성은 브랜드의 생명이다.

셋째, 고객 경험의 전체 흐름을 익히게 한다. 단편적인 기술이 아니라, 고객이 겪는 '경험의 전체 구조'를 익히는 데 집중한다. 고객은 개별 기술의 정교함보다 매끄럽게 이어지는 경험의 흐름을 더욱 선명하게 기억한다. 교육의 시작 단계에서 브랜드의 기준을 명확히 세우면, 기술은 자연스럽게 그 기준을 따라온다.

미국 시카고에서 네 번의 성공적인 확장을 이끌었던 핵심 동력은 바로 체계적이고 정교하게 설계된 교육 시스템이었다. 이 시스템은 세 단계로 구성된다.

1단계는 7일간의 본사 교육이다. 신입 직원은 본사에서 7일 동안 집중 교육을 받는다. 여기서 기본 기술을 습득하고, 얼굴 관리에 필요한 섬세한 감각을 훈련한다. 손끝으로 림프와 근막을 읽는 법, 압력을 조절하는 법을 익힌다. 동시에 브랜드의 명확한 기준을 교육한다. "우리는 왜 이렇게 하는가?", "우리가 지키는 기준은 무엇인가?"

에 대해 끊임없이 이야기한다. 그리고 일관된 커뮤니케이션 방식을 익히도록 고객 응대 스크립트를 숙지시킨다.

나는 직원들이 "오늘 가장 신경 쓰이는 부분이 있으세요?", "지금은 림프를 먼저 풀어드릴게요"와 같은 표현들을 자연스럽게 구사할 수 있을 때까지 훈련시킨다. 그리고 가장 중요한 것, 시술 전후의 변화를 만들어내는 핵심 구조를 이해시킨다. 어떤 순서로, 어떤 압력으로, 어떤 리듬으로 관리해야 즉각적인 변화가 나타나는지 그 원리를 가르친다. 7일이 끝나면, 직원은 브랜드의 DNA를 이해하게 된다.

2단계는 3일간의 현장 교육이다. 이제 실전이다.

직원은 실제 매장에 투입되어 3일간 현장에서 배운다. 실제 고객 사례를 다루면서 책에서 배운 것과 현실의 차이를 깨닫는다. 고객마다 피부 상태가 다르고, 반응이 다르며, 요구가 다르다. 이 과정에서 압력 조절 능력을 숙련시킨다. 이론으로 배운 '중간 강도'가 실제로 어느 정도인지 몸으로 익힌다. 본사에서 배운 시술 속도와 리듬의 일관성을 실제 고객에게 적용하며 체화하고, 매장의 환경과 동선에 적응한다. 물건이 어디 있는지, 어떻게 움직여야 효율적인지, 고객을 어떻게 안내해야 하는지를 익힌다. 3일이 끝나면 직원은 실전에서 작동하는 기술을 갖추게 된다.

3단계는 개인별 1:1 교육 체크이다. 이것이 마지막 단계이자 가장 중요한 단계다.

개인별로 드러나는 약점을 집중적으로 보완한다. 어떤 직원은 압력 조절이 약하고, 어떤 직원은 설명이 부족하며, 어떤 직원은 속도가 불안정하다. 이런 개인별 약점을 하나하나 짚어서 고친다. 기술뿐만 아니라 태도도 점검한다. 기술이 완벽해도 태도가 문제면 소용없다. 고객을 대하는 자세, 팀원과 소통하는 방식, 문제에 접근하는 태도까지 점검한다. 교육받은 기준과 실제 업무 적용 사이의 간극을 세심하게 확인하여 바로잡는다. "교육에서는 이렇게 배웠는데 실제로는 이렇게 하고 있네요" 같은 간극을 발견하고 메우는 것이다. 이 과정이 끝나면, 새로운 직원도 브랜드의 품질을 완벽하게 구현할 수 있게 된다.

교육이 부실하면 명확하고 치명적인 현상이 나타난다. 고객 경험이 담당 직원에 따라 들쭉날쭉해진다. 어떤 날은 만족스럽고, 어떤 날은 실망스럽다. 고객 만족도가 불안정하게 흔들리고, "이번에 담당한 직원은 별로였어요", "지난번보다 결과가 안 좋았어요"와 같은 부정적인 온라인 리뷰가 쌓인다.

시술 전후 결과의 편차가 커지면서 브랜드의 신뢰도는 갉아먹히고, 재방문율은 급격히 하락한다. 서비스의 일관성이 무너지는 것은 곧 브랜드가 쌓아 올린 기준이 무너지는 것과 같다. 교육은 선택이 아니다. 브랜드가 예측 불가능한 시장 환경 속에서 오래 살아남기 위해 반드시 가입해야 하는 필수 보험이다.

효과적인 교육은 기준을 지식으로 가르치는 것이 아니다. 몸소 느끼고 체감하게 만드는 것이다.

기준은 말이나 글로 전달되는 순간 그 본질의 절반밖에 이해되지 않는다. 손끝으로 전해지는 감각, 압력의 정확한 기준, 시술의 리듬과 흐름. 이런 것들은 언어적 설명이 아닌 반복적인 훈련과 세심한 관찰을 통해서만 온전히 습득된다.

그래서 나는 구체적인 방법을 사용한다.

첫째, 직원이 직접 고객 역할을 맡아 관리받는 입장에서 압력과 감각을 느껴보게 한다. "아, 이 압력이 너무 강하구나", "이 리듬이 편안하구나" 몸으로 느껴야 비로소 안다.

둘째, 직원들끼리 시술 전후 결과물을 반복적으로 만들어보게 한다. 서로 관리하면서 어떤 디테일이 결정적인 차이를 만드는지 체감한다. "1mm만 더 올라가도 리프팅 라인이 달라지네", "속도를 조금만 늦추니까 고객이 훨씬 편안해하네"와 같은 깨달음을 얻는다.

셋째, 한국에서 직접 들여온 최신 기계들을 완벽하게 다루는 훈련을 한다. 물방울 리프팅, 고주파 관리 등 미국에서는 20년 전 장비를 쓰는 동안 한국은 끊임없이 진화해 왔다. 기계의 원리를 이해하고, 출력과 강도를 피부 타입별로 조절하며, 기계와 손기술을 결합하는 방법까지. 기계력이 곧 기술력이 되는 과정을 체득한다.

넷째, 관리 프로토콜의 정확한 순서와 흐름, 그리고 각 단계별 기술 구현이 시각적으로 어떻게 완성되는지 직접 눈으로 확인하는 훈련을 한다. 내가 직접 시연하고 직원이 똑같이 따라 하면, 클렌징 방법, 제품 도포 순서, 기기 사용 각도 등 틀린 부분을 즉시 짚어서 고친다.

다섯째, 미국 고객 특유의 솔직하고 직설적인 피드백에 대응하는 가상 시나리오 훈련을 한다. "이 제품이 제 피부에 맞는지 모르겠어요", "무슨 관리를 받는 건지 잘 모르겠어요", "결과가 기대만큼 안 나온 것 같아요", "다음 방문은 언제가 좋을까요?" 같은 다양한 피드백과 질문에 어떻게 전문적이고 명확하게 대응할지 미리 연습한다.

직원 교육에서 가장 중요하게 가르치는 것들

1. 기본 매뉴얼

- 클렌징, 마사지, 압출, 기계 테크닉의 정확한 프로토콜
- 위생 관리 기준(도구 소독, 공간 청결, 제품 보관)
- 고객 응대 톤과 언어(친절하되 전문적인 태도)
- 피부 분석 기준(피부 타입별 특징, 문제점 파악 방법)
- 상담 루틴(고객 히스토리 확인, 목표 설정, 관리 계획 수립)

2. 심화 매뉴얼

- 패키지 유도 포인트(고객의 니즈를 파악하고 적합한 프로그램 제안)
- 고객 타입별 추천 방식(나이, 피부 고민, 라이프스타일에 따른 맞춤 제안)
- 컴플레인 관리(불만 발생 시 대응 방법, 감정 조절, 해결 프로세스)
- 고객과 감정 교류하는 방법(공감, 경청, 신뢰 구축)
- 전문 기기 상담 기준(고주파, LED, 리프팅 기기 등의 효과 설명)

3. 나만의 비법

① 고객의 감정 상태를 읽는 눈 - 표정, 말투, 몸의 긴장도로 고객의 컨디션 파악

② "손길의 속도·온도·압"까지 감각화 - 피부 반응에 따라 실시간 조절

③ 질문은 적게, 경청은 많이 - 고객이 편안하게 이야기하도록 유도

④ 직원의 장단점을 빠르게 파악 - 개인별 강점을 살리고 약점을 보완하는 맞춤 코칭

⑤ 직원이 현장에서 '혼자 판단'할 수 있도록 훈련 - 매뉴얼 기반이되 유연한 대응력

⑥ 작은 불편이라도 즉시 고치는 시스템 - 문제 발견 즉시 개선, 반복 방지

⑦ 기술을 '예술'로 승화시키는 감각 강조 - 단순 작업이 아닌 창조적 케어로 인식

직원 교육의 궁극적인 목표는 명확하다.

"전 직원이 나와 같은 기준으로 움직이는 시스템을 만드는 것."

이것이 달성되면, 내가 없어도 브랜드는 흔들리지 않는다. 직원이 바뀌어도 고객 경험은 일관되게 유지된다. 그리고 확장은 자연스럽게 따라온다.

교육이란 직원이 브랜드의 철학과 기준을 머리로 이해하는 것을 넘어, 온몸으로 흡수하게 만드는 과정 그 자체다. 리더가 바뀌고, 직원이 교체되며, 지점의 수가 늘어나도 변함없이 일관된 결과를 만들어내는 브랜드의 저력은 오직 교육 시스템에서 나온다. 많은 사람이 브랜드의 힘이 뛰어난 기술에서 나온다고 생각하지만, 기술은 어디까지나 직원 개인의 역량에 머문다. 반면 교육은 브랜드를 하나로 묶는다.

교육은 브랜드 전체를 하나로 묶는 거대한 힘으로 작동한다. 교육 시스템이 탄탄하게 자리 잡은 브랜드는 그 어떤 위기에도 결코 쉽게 흔들리지 않는다. 시스템과 교육이야말로 외부의 변화로부터 브랜드를 굳건히 지키는 방패이자, 성공적인 확장을 가능하게 하는 핵심 동력이다.

PART 6

미국 시장에서 살아남는 비즈니스 법칙

16장.
해외 창업 전 반드시 알아야 하는 10가지

미국 시장에서의 성공은 막연한 감이 아닌 철저한 준비의 결과물이다. 한국에서 뛰어난 기술을 보유한 전문가라 할지라도 그 성공이 미국 시장에서 그대로 재현되는 것은 아니다. 미국은 고객의 특성, 법률, 문화, 그리고 비즈니스를 평가하는 기준 자체가 한국과 완전히 다르다. 해외에서는 "감각 + 실행력"이 성패를 가른다. 시장을 읽는 감각이 있어도 실행하지 않으면 의미가 없고, 실행력만 있어도 감각이 없으면 방향을 잃는다. 따라서 해외 시장에서는 섬세한 감각에 의존하기보다, 현지 상황을 정확하게 읽고 판단하는 능력이 훨씬 더 중요하다. 기술력만으로는 절대 충분하지 않으며, 해외 창업은 예상 가능한 실패 요인들을 사전에 얼마나 체계적으로 제거하느냐에 따라 성패가 갈리는 준비의 싸움이다. 미국에서 네 번의 확장을 거치며 직접 체득한, 그 누구도 피해 갈 수 없는 해외 창업의 필수 원칙 10가지를 제시한다.

1. 철저한 시장 분석, 성공의 첫 단추

해외 창업의 성패는 '이 지역이 좋아 보인다'라는 막연한 감이 아니라, 객관적인 데이터에 기반한 철저한 시장 분석에서 결정된다. 사업 확장은 우연한 기회로 이루어지는 것이 아니라, 시장을 면밀히 분석하고 이를 바탕으로 즉시 실행에 옮긴 결과물이어야 한다. 가장 위험한 판단은 구체적인 근거 없이 특정 지역의 가능성을 긍정하는 것이다. 창업을 고려하는 지역의 고객층 연령, 소득 수준, 생활 패턴을 파악하고, 경쟁업체의 수와 그들이 제공하는 서비스 구성을 분석해야 한다. 또한, 해당 지역의 월세와 고정비 구조, 전반적인 소비력 수준, 그리고 유동인구의 주요 동선까지 반드시 확인해야 한다. 시장성이 확보되지 않은 곳에서는 아무리 뛰어난 기술력을 갖추고 있어도 결코 버틸 수 없다.

2. 한국식 디테일, 해외 시장의 프리미엄 가치

미국 시장에서 한국 고유의 정교함과 섬세함, 거기에 더해진 고도로 발전된 기계력은 단순한 기술이 아닌, 고객이 이전에 경험하지 못한 '프리미엄 가치'로 작용한다.

미국 시장은 한국만큼 정교하고 섬세한 서비스를 경험할 기회가 상대적으로 적다. 따라서 한국 특유의 압력 조절 기술, 체계적인 관리 순서, 섬세한 손기술과 같은 디테일은 현지 고객에게 '생전 처음 느껴 보는 고급 관리'라는 특별한 인상을 남긴다.

한국에서는 기본으로 여겨지는 디테일이 해외에서는 차별화 포인트이자 브랜드 프리미엄이 된다. 한국 기준을 내려놓지 말아야 한다. 다만 그 기준을 현지 언어로 설명하는 능력이 필요하다.

해외 창업 과정에서 다른 것은 현지에 맞게 변화시키더라도, 브랜드의 경쟁력을 결정하는 이 한국식 디테일만큼은 절대 버려서는 안 된다.

3. 솔직한 피드백을 성장의 데이터로 활용하라

미국 고객의 솔직하고 직설적인 피드백은 비판이 아니라, 브랜드를 더욱 정교하게 다듬을 수 있는 가장 귀중한 데이터이다. 미국 고객은 서비스가 만족스러우면 그 자리에서 다음 예약을 확정하고, 반대로 마음에 들지 않으면 무엇이 문제인지 곧바로 피드백을 주는 경향이 있다. 이러한 솔직함을 두려워하고 회피한다면 브랜드는 결코 성장할 수 없다. 고객이 주는 날것의 피드백 하나하나를 소중한 데이터로 삼아 서비스의 단점을 보완하고 강점을 강화하는 기회로 만들어야 한다.

4. 결과로 증명하는 Before & After의 힘

미국 고객은 추상적인 경험이 아닌, 눈에 보이는 즉각적인 결과를 구매한다. 그들은 관리 과정의 편안함이나 분위기보다 관리를 통해 얻게 될 즉각적인 변화에 훨씬 더 큰 가치를 둔다.

결과를 만든 후에야 브랜드가 인정받는다. 말로 아무리 잘해봐야 소용없다. 고객 얼굴에 즉각적인 변화를 만들어내야 비로소 브랜드가 입소문을 타기 시작한다.

따라서 해외 창업을 준비한다면 서비스의 모든 관리 절차, 즉 프로토콜(Protocol)을 설계하는 단계에서부터 고객이 즉각적인 효과를 눈으로 확인할 수 있도록 구성해야 한다. 명확한 '시술 전후(Before & After)' 비교가 신뢰의 핵심 기준이 되며, 이것이야말로 고객의 지갑을 열게 하는 가장 강력한 설득 도구이다.

5. 미국 시장에 맞춘 압력의 표준, 중간 강도

한국 고객과 달리 미국 고객은 너무 강하거나 약한 압력을 불편하게 느끼므로, 정확한 '중간 강도'를 서비스의 기본값으로 설정해야 한다. 한국 고객이 선호하는 강한 압력은 미국 고객에게는 통증이나 불편함으로 느껴질 수 있으며, 반대로 너무 약한 압력은 아무런 효과를 느끼지 못하게 만든다. 그들은 시원함이라는 감각보다 정확하고 일관된 중간 강도의 압력을 선호한다. 따라서 서비스의 압력 기준을 '한국식 강도'에서 '미국식 중간 강도'로 정밀하게 조정하는 과정이 반드시 필요하다.

6. 매뉴얼, 생존을 위한 필수 도구

직원의 잦은 이직이 불가피한 해외 시장에서, 체계적인 매뉴얼은 서비스의 일관성을 유지하고 브랜드 붕괴를 막는 필수적인 생존 도구이다.

대표가 모든 업무를 직접 해보고 프로세스화해야 한다. 나는 클렌징부터 기기 관리, 고객 상담, POS 시스템 사용까지 모든 과정을 직접 수행해 봤다. 그래야 정확한 매뉴얼이 나온다.

점포 운영, 서비스 절차, 고객 관리, 판매 시점 정보 관리 시스템(POS) 활용법, 광고 집행 방식까지 모든 업무 영역에 명확한 매뉴얼이 존재해야 한다. 매뉴얼이 없다면 직원이 바뀔 때마다 서비스의 결과물이 달라지고, 결국 브랜드 전체의 신뢰도가 무너진다.

매뉴얼은 단순한 선택 사항이 아니라, 예측 불가능한 환경에서 브랜드를 지키는 생존 장비다.

7. 브랜드 확장의 전제 조건, 교육 시스템

체계적인 직원 교육 시스템이 갖춰지지 않은 상태에서의 사업 확장은 불가능하다. 교육은 브랜드의 품질을 복제하는 핵심적인 과정이다.

품질 기준은 한국이 아니라 "세계 최고 수준"에 맞춰야 한다. 직원이 바뀌어도 동일 품질이 나오도록 시스템화해야 한다. 해외에서는 직원 이직률이 높다. 그래서 시스템이 더욱 중요하다. 누가 하든 같은 결과가 나와야 브랜드가 산다.

'7일간의 본사 교육, 3일간의 현장 교육, 1:1 맞춤형 체크'와 같이 구조화된 교육 시스템은 어떤 직원이 투입되어도 동일한 수준의 서비스를 제공할 수 있도록 만드는 기반이 된다. 이러한 시스템 없이는 지점을 늘릴수록 브랜드의 정체성과 서비스 품질이 희석될 수밖에 없다.

미국 시장에서 성공적으로 사업을 확장할 수 있었던 근본적인 이유는 바로 '교육의 표준화'에 있었다. 해외 창업을 준비하며 스스로에게 던져야 할 가장 중요한 질문은 "직원이 바뀌어도 고객에게 동일한 결과물을 제공할 수 있는가?"이다. 만약 이 질문에 자신 있게 답할 수 없다면, 그것은 지속 가능한 창업이 아니라 언제든 대체될 수 있는 '개인의 노동'에 불과하다.

8. 문화적 차이를 반영한 고객 응대 스크립트

고객 응대 방식은 각 국가의 문화적 특성에 맞춰 완전히 새롭게 설계해야 한다. 특히 미국 고객에게는 과정에 대한 명확한 정보 전달이 필수적이다.

고객이 이해할 수 있는 언어와 방식으로 설명해야 한다. 전문 용어를 늘어놓는 것이 아니라, "이 단계는 얼굴의 부기를 빼는 과정입니다"처럼 명확하게 말해야 한다.

한국 고객이 시술 과정에서 감성적인 교감과 편안함을 중시하는 경향이 있다면, 미국 고객은 자신이 받을 서비스의 모든 과정과 그로 인해 기대할 수 있는 결과에 대해 구체적이고 논리적인 정보를 요구한다.

문화 차이를 인정하고 활용해야 한다. 한국식이 무조건 옳다고 고집하면 실패한다. 미국 고객의 특성을 이해하고 그에 맞춰 조정하되, 핵심 기술의 품질은 타협하지 않는 것이 핵심이다.

따라서 한국에서 사용하던 스크립트를 그대로 번역해 사용하는 것은 매우 위험하다. 고객의 문화적 배경을 이해하고, 정보 중심적인 미국 고객의 특성에 맞춰 응대 스크립트를 독립적으로 재설계해야 한다.

9. 가치를 납득시키는 가격 전략

성공적인 가격 전략의 핵심은 단순히 가격을 낮추는 것이 아니라, 그 가격에 합당한 서비스의 가치를 고객이 온전히 납득하도록 설명하는 데 있다.

'내 감각'보다 '고객의 문제점'을 기준으로 판단해야 한다. 내가 좋다고 생각하는 것과 고객이 원하는 것은 다를 수 있다. 고객의 진짜 고민을 파악하고 그것을 해결하는 데 집중해야 한다.

미국 고객은 무조건 저렴한 가격에 반응하지 않는다. 오히려 그들은 서비스의 가치를 명확히 이해했을 때, 높은 가격을 전문성과 신뢰의 증표로 여기는 경향이 있다. 따라서 가격 경쟁에 매몰되기보다는 우리 서비스가 왜 이 가격을 받아야만 하는지에 대한 논리적인 설명과 차별화된 가치를 전달하는 데 집중해야 한다.

10. 기술을 완성하는 철학, 기준, 그리고 시스템

해외 창업의 성공은 단편적인 기술력이 아니라, 명확한 철학을 바탕으로 세워진 기준과 이를 구현하는 시스템의 유기적인 조합으로 완성된다.

단골 고객이 생기기까지 최소 1년은 투자해야 한다. 해외에서는 신뢰를 쌓는 데 시간이 걸린다. 하지만 일단 신뢰가 형성되면 그들은 평생 고객이 되고, 주변에 추천까지 해준다.

치열한 해외 시장에서 뛰어난 기술 하나만으로는 결코 생존할 수 없다. 브랜드의 정체성을 정의하는 '철학', 서비스의 품질을 유지하는 '기준', 누가 하더라도 동일한 결과를 내게 하는 '교육 시스템'이 서로 맞물려 돌아갈 때, 비로소 브랜드는 낯선 환경에서도 흔들리지 않고 버티며 확장해 나갈 수 있다.

나의 철학은 단 하나다. "최고의 기준을 지키면, 고객은 결국 나를 선택한다."

해외 진출은 기술 문제가 아니라 철학과 시스템의 싸움이다. K-Beauty가 세계에서 사랑받는 이유는 '예쁜 피부'를 만들어서가 아니라, '한국식 디테일·정성·완벽주의'가 해외에서는 압도적인 가치가 되기 때문이다.

17장.
시카고에서 배운 아이템 선정 기준 10가지

브랜드의 수준은 어떤 케어 아이템(관리 제품 및 도구)을 선택하느냐에 따라 결정되며, 특히 미국 시장에서는 즉각적인 결과를 만드는 능력이 가장 중요한 기준이 된다.

나는 아이템을 선택할 때 두 가지를 본다. “이 기술이 고객의 삶을 실제로 변화시키는가.” 그리고 “이것이 시간이 지나도 사라지지 않는가.” K-Beauty는 유행이 아니라 결과로 증명되는 기술이기 때문에, 나는 그 기술이 미국 소비자에게 확실한 변화를 줄 수 있다고 판단될 때만 선택한다.

미국에서 여러 지점을 운영하며 얻은 가장 큰 깨달음은 바로 이것이다. 미국 고객은 관리 과정을 즐기기보다 관리 후 나타나는 즉각적인 변화를 원하며, 눈에 보이는 ‘시술 전후(Before & After)’ 차이를 신뢰의 기준으로 삼는다.

나는 아이템을 고를 때 ‘유행’보다 생존력을 본다. 시간이 지나도 남는 기술인지, 내가 직접 해보고 확신이 있는지, 고객의 문제를 확실히 해결해 줄 수 있는지. 아이템과 매장은 '감'이 아니라 경험에서 오는 계산된 판단이다.

따라서 단순히 디자인이 아름답거나 인지도가 높다는 이유로 제품을 선택해서는 안 된다. 오직 '결과를 만드는 능력'이 있는지, 그리고 우리 브랜드가 추구하는 기준과 철학을 온전히 담아낼 수 있는지가 아이템 선정의 유일하고도 절대적인 요소가 되어야 한다.

1. 즉각적으로 눈에 보이는 효과

미국 고객은 변화를 기다려주지 않으므로, 관리 직후 눈으로 확인할 수 있는 즉각적인 효과를 내지 못하는 아이템은 선택지에서 제외해야 한다. 모든 관리 프로그램은 고객이 즉각적인 결과를 체험할 수 있도록 구성되어야 한다. 아이템을 테스트했을 때 부기 완화, 주름 개선, 리프팅, 얼굴선 정리, 또는 피붓결 개선과 같은 가시적인 변화 중 단 하나라도 명확하게 나타나지 않는다면, 그 아이템은 미국 시장에서 사용할 이유가 없다. 눈에 보이는 결과만이 고객의 재방문을 이끌어내는 가장 확실한 동력이다.

2. 일관된 결과의 재현성

최고의 아이템이라 할지라도 직원의 숙련도에 따라 결과가 달라진다면 브랜드 전체의 신뢰를 무너뜨릴 수 있으므로, 누가 사용하든 일관된 결과를 낼 수 있어야 한다. 직원의 이직이 잦은 환경에서는 '전문가만 잘 쓸 수 있는 도구'는 오히려 리스크가 된다. 따라서 아이템을 선정할 때는 숙련된 전문가뿐만 아니라 신입 직원이라도 표준화된 교육을 통해 일정한 수준의 결과물을 만들어낼 수 있는지 반드시 검증해야 한다. 결과의 일관성이 곧 브랜드의 시스템 수준을 증명한다.

3. 핵심 기술과의 완벽한 조화

케어 아이템은 관리사의 손기술을 보조하고 강화하는 역할을 해야 하며, 피부에 전달되는 감촉과 반응이 관리사의 고유한 테크닉 흐름과 자연스럽게 어우러져야 한다. 아이템이 피부 위에서 과도한 자극을 유발하거나, 손의 섬세한 움직임과 리듬을 방해한다면 오히려 케어의 완성도를 떨어뜨릴 수 있다.

미국 고객은 피부에 부담 없이 전달되는 안정감 있는 터치와 편안한 관리 경험을 선호한다. 따라서 아이템이 피부 반응을 과도하게 증폭시키지 않는지, 관리사의 움직임을 자연스럽게 따라가는지, 그리고 페이셜 케어 전반의 흐름과 조화를 이루는지를 세밀하게 테스트해야 한다.

모든 기술은 관리사의 손에서 시작되며, 아이템은 피부 컨디션 개선을 돕는 보조 수단이지, 관리의 본질을 흐리는 요소가 되어서는 안 된다.

4. 인체 흐름에 대한 존중

핵심 기술의 근간이 되는 림프(체내 노폐물을 운반하는 액체)와 근막(근육을 감싸는 막)의 자연스러운 흐름을 방해하는 아이템은 절대 사용해서는 안 된다. 숙련된 관리사는 손끝의 감각으로 고객의 림프와 근막 흐름을 섬세하게 읽어내고, 그 흐름에 맞춰 관리를 진행한다. 만약 케어 아이템이 이러한 인체의 자연스러운 흐름을 막거나 왜곡시킨다면, 이는 기술의 본질을 거스르는 행위다. 아이템은 인체의 생리학적 흐름을 존중하고 촉진하는 방향으로만 사용되어야 한다.

단순히 근막을 잡아당기기만 하거나 림프의 흐름을 차단하는 제품은 미국 고객의 신체를 이해하지 못한 것이며, 오히려 관리의 질을 떨어뜨린다. 아이템은 막힌 흐름을 명확하게 뚫어주는 보조 장치로서의 역할을 충실히 수행해야 한다.

5. 정해진 관리 순서(프로토콜)의 엄격한 준수

케어 아이템은 사전에 정교하게 설계된 관리 순서, 즉 프로토콜(protocol)의 흐름을 절대로 방해해서는 안 되며, 정해진 순서를 정확히 지키는 원칙 자체가 미국 시장에서는 프리미엄 서비스의 증표가 된다. 관리의 모든 단계는 고객의 신체가 긴장 상태에서 점진적으로 이완되고, 최종적으로 최상의 결과에 도달하도록 과학적으로 구성되어 있다. 만약 특정 아이템이 이 순서의 흐름에 불필요하게 끼어들어 전체적인 균형을 깨뜨린다면, 아무리 효과가 뛰어나더라도 과감히 배제해야 한다.

6. 고객이 즉시 이해할 수 있는 명확한 설명

미국 고객은 자신이 받는 관리의 모든 과정과 도구의 역할에 대해 명확하게 이해하기를 원하므로, 설명이 복잡한 아이템은 현장에서 신뢰를 얻기 어렵다. 관리사는 고객에게 해당 도구가 어떤 목적으로 사용되며, 이를 통해 어떤 효과가 나타나고, 그것이 시술 전후의 변화와 어떻게 논리적으로 연결되는지를 간결하게 설명할 수 있어야 한다. 만약 아이템의 원리나 목적이 너무 복잡하여 설명하기 어렵다면, 이는 고객의 불안감을 높이고 서비스 전체의 신뢰도를 떨어뜨리는 요인이 된다.

7. 장기적 관점에서의 비용 효율성

창업 초기에는 간과하기 쉽지만, 아이템의 유지비와 소모품 비용은 장기적인 브랜드의 생존을 좌우하는 결정적인 요소이다. 특히 모든 비용이 한국보다 높은 미국 시장에서, 지속적으로 발생하는 소모품 비용은 매출 성장률을 앞질러 브랜드의 재무 구조를 심각하게 압박할 수 있다. 따라서 아이템을 선택할 때는 초기 구매 비용뿐만 아니라, 유지 보수 비용이 과도한지, 소모품 소비량이 비효율적으로 많은지, 그리고 부품 교체 비용이 합리적인지를 반드시 따져보아야 한다. 이 중 하나라도 비효율적이라면 장기적인 브랜드 확장 전략에 큰 걸림돌이 된다.

8. 표준화된 교육 시스템과의 연동성

새로운 케어 아이템은 기존의 체계적인 직원 교육 시스템에 무리 없이 통합될 수 있을 만큼 교육 과정이 단순하고 직관적이어야 한다. 예를 들어, '7일 본사 교육, 3일 현장 교육, 1:1 최종 점검'과 같이 구조화된 시스템이 있다면, 아이템 교육은 이 틀 안에서 완결될 수 있어야 한다. 교육 난이도가 지나치게 높거나, 영상 매뉴얼만으로는 설명이 불가능하거나, 반복 숙련에 긴 시간이 필요한 도구는 신규 직원의 투입 속도를 늦추고 전체 운영 효율을 심각하게 저하시킨다.

9. 긍정적 고객 리뷰에서의 일관된 키워드 검증

미국 시장에서 고객 리뷰는 브랜드의 생명줄과 같으며, 좋은 아이템은 고객들의 후기에서 긍정적이고 일관된 특정 표현들을 반복적으로 이끌어낸다. 진정으로 효과적인 아이템은 고객 경험을 통해 검증된다. 예를 들어, "부기가 즉시 빠졌다(Reduced swelling right away)"거나 "몸이 가벼워진 느낌이다(Felt lighter)", 혹은 "얼굴이 바로 리프팅되었다(Immediately lifted)"와 같은 구체적이고 일관된 리뷰 패턴이 여러 고객에게서 나타난다면, 그 아이템은 시장에서 성공적으로 검증되었다고 판단할 수 있다.

10. 브랜드의 핵심 철학과의 부합

궁극적으로 모든 케어 아이템은 브랜드가 추구하는 핵심 가치와 철학을 담아내는 매개체로서, 그 정체성과 완벽하게 부합해야 한다.

수많은 경쟁 속에서 브랜드가 살아남기 위해서는 자신만의 명확한 철학이 있어야 한다. 아이템 선정의 마지막 관문은 바로 이 철학과의 일치 여부를 확인하는 것이다. 기술적 효과나 비용 효율성을 넘어, 그 아이템이 우리 브랜드가 고객에게 전달하고자 하는 고유한 가치를 온전히 표현할 수 있을 때 비로소 최종 선택의 자격을 얻는다.

모든 케어 아이템은 브랜드가 지향하는 명확한 철학과 반드시 부합해야 한다. 예를 들어, 브랜드가 추구하는 가치가 '고객 중심', '문제 해결 중심', '즉각적인 결과', '한국식 디테일 유지', 그리고 '시스템과 기준의 일관성'이라는 다섯 가지 원칙으로 정의된다면, 아이템 역시 이 중 단 하나라도 어긋남이 없어야 한다. 아무리 기능적으로 뛰어난 제품이라 할지라도 브랜드의 철학과 맞지 않으면, 이는 브랜드의 정체성을 흐리게 만들고 고객에게 혼란을 줄 뿐이다. 아이템은 단순히 도구가 아닌, 브랜드 철학을 구현하는 핵심적인 일부이기 때문이다.

미국 시카고에서의 경험을 통해 얻은 가장 중요한 교훈은, 케어 아이템의 선택이 개인의 감각이나 취향의 문제가 아니라 브랜드의 철학을 결정하는 행위라는 점이다. 어떤 결과를 만들어내고 싶은지, 어떤 기준을 끝까지 지킬 것인지, 어떤 브랜드로 성장하고 싶은지, 그리고 어떤 고객과 함께하고 싶은지에 대한 모든 고민의 답이 바로 아이템의 선택 과정에서 드러난다. 철학과 기준이 일관될 때 브랜드는 어떤 외부 환경의 변화에도 흔들리지 않고 굳건히 자신의 길을 갈 수 있다.

18장.
화려함 뒤 숨겨진 현실

미국에서의 창업 스토리를 들은 많은 사람들은 표면적인 성공에 주목한다. 하지만 그 과정은 결코 순탄한 직선 도로가 아니었다. 어떤 날은 예약 문의가 폭발적으로 밀려들어 정신을 차릴 수 없었고, 또 어떤 날은 예상치 못한 문제 하나를 해결하기 위해 며칠 밤낮을 매달려야 했다.

해외에서 사업을 하다 보면 항상 많은 것들이 부족하다. 나는 미국에서 실제로 수많은 현실적인 어려움을 겪었다. 그리고 이 경험들이 지금의 시스템을 만들었다.

브랜드의 명확한 기준과 체계적인 시스템은 바로 이러한 현장에서의 고통스러운 경험들을 통해 만들어진 것이다. 지금부터 이야기하는 내용들은 모두 미화되지 않은, 실제 경험을 바탕으로 한 현실적인 문제들이다.

해외 창업에서 마주한 10가지 현실적인 어려움

1. 초기 자금 부족

창업 초기, 모든 것이 예상보다 비쌌다. 보증금, 인테리어, 장비, 제품, 인건비까지. 한국에서 준비한 자금은 생각보다 빠르게 소진되었고, 추가 자금을 조달해야 하는 압박이 계속되었다.

2. 매출이 불안정한 초창기

처음 6개월은 하루하루가 불안했다. 오늘 예약이 3건, 내일은 1건, 모레는 0건. 고정비는 매달 나가는데 매출은 들쭉날쭉했다. "과연 이 사업이 성공할 수 있을까?" 하는 의구심과 싸워야 했다.

3. 영어 커뮤니케이션의 장벽

기술은 있었지만 언어는 완벽하지 않았다. 고객 상담 중 미묘한 뉘앙스를 전달하지 못할 때, 그리고 고객의 불만을 정확히 이해하지 못할 때 답답함이 밀려왔다. 전문 용어를 쉬운 영어로 풀어 설명하는 것도 큰 과제였다.

4. 직원 이직

미국은 한국보다 직원 이직률이 훨씬 높다. 열심히 교육한 직원이 갑자기 "다음 주부터 안 나올게요"라고 말할 때의 허탈함. 그때마다 다시 채용하고, 다시 교육하고, 다시 시작해야 했다.

5. 직원의 기술 편차

같은 교육을 받아도 직원마다 기술 습득 속도가 달랐다. 어떤 직원은 일주일 만에 완벽히 익혔고, 어떤 직원은 한 달이 지나도 기준에 미치지 못했다. 이 편차를 줄이는 것이 가장 큰 숙제였다.

6. 컴플레인 처리 시스템 미비

초기에는 고객 불만이 들어와도 어떻게 대응해야 할지 명확한 프로세스가 없었다. 누가, 언제, 어떻게 대응할 것인가? 환불은 어떤 기준으로 처리할 것인가? 이 모든 것을 하나씩 부딪히며 만들어가야 했다.

7. 고객 유입 루트가 없던 시절

아무도 우리를 모르던 시절, 어떻게 고객을 끌어올 것인가가 가장 큰 문제였다. 광고비는 한정되어 있고, SNS는 익숙하지 않았다. 입소문이 나기까지 최소 1년은 걸렸다.

8. 대표가 기술·상담·청소까지 다 하던 시기

초기에는 나 혼자였다. 아침에 매장 청소, 고객 상담, 관리, 회계, 재고 관리, 마케팅까지. 모든 것을 혼자 했다. 하루 12시간씩 일해도 시간이 부족했다.

9. 마케팅 비용 부담

미국에서는 Google 광고, Yelp 광고, SNS 광고 모두 비용이 만만치 않았다. 효과가 불확실한 상황에서 광고비를 지출하는 것은 큰 도박처럼 느껴졌다.

10. '내 기준'을 미국식 운영과 조화시키는 어려움

한국에서 배운 섬세한 기준을 미국 시장에 맞게 조정하는 과정이 가장 어려웠다. 너무 한국식으로만 고집하면 시장에서 외면받고, 너무 미국식으로만 가면 내 정체성을 잃는다. 이 균형점을 찾는 데 몇 년이 걸렸다.

하지만 이 경험이 지금의 시스템을 만들게 했다. 나는 직접 모든 문제를 경험하고 해결한 후, 그 과정을 매뉴얼화했다.

창업 초기, 나는 안일했다.

'직원이 소수일 때는 내가 직접 관리하면 되지 뭐.' 그렇게 매뉴얼 없이 운영을 시작했다.

하지만 이건 거대한 실수였다. 직원이 세 명, 다섯 명, 열 명으로 늘어나자 혼란이 시작됐다. 각자의 동선이 겹쳤고, 누가 어디서 무엇을 해야 하는지 명확하지 않았다. 정리 기준도 저마다 달랐다. 어떤 직원은 관리 후 바로 정리했고, 어떤 직원은 다음 고객이 오기 직전에야 정리했다.

고객을 응대하는 말투와 톤도 제각각이었다. 누군가는 친근했고,

누군가는 너무 격식적이었다. 심지어 핵심적인 서비스 순서가 부분적으로 달라지는 일까지 발생했다. A 직원은 림프부터 풀었고, B 직원은 근막부터 풀었다. 고객 클레임이 발생해도 원인을 추적하기가 어려웠다. 누가 무엇을 어떻게 했는지 기록이 없었기 때문이다. 그때 비로소 깨달았다.

브랜드란 창업자 한 사람이 직접 이뤄내는 결과물의 총합이 아니다.

그것은 모든 직원이 함께 만들어가는 결과물의 총체다. 이 문제를 해결하는 과정에서 표준화된 관리 프로토콜, 고객 응대 스크립트, 그리고 체계적인 서비스 매뉴얼이 탄생했다.

미국 시장에서는 아주 작은 설명의 부족이 곧바로 고객의 불만으로 이어진다.

고객은 이런 질문을 던진다.

"왜 이 단계를 가장 먼저 진행하나요?", "지금 사용하는 제품은 어떤 역할을 하나요?", "어제보다 압력이 강해진 특별한 이유가 있나요?", "이 부위를 왜 이렇게 오래 관리하나요?" 이런 질문에 명확하고 논리적인 설명이 제공되지 않으면, 고객은 브랜드에 대한 신뢰를 잃는다.

한번은 이런 일이 있었다. 한 고객이 관리 중에 물었다.

"지금 뭐 하고 계신 거예요?" 담당 직원은 당황해서 "관리하고 있어요"(→ 고객님이 고르신 관리 진행 중입니다)라고만 답했다. 고객은 불만족스러워했고, 리뷰에 이렇게 썼다.

"무슨 관리를 받는지 설명도 없고, 믿고 맡기기 어려웠어요." 사소한 설명 부족이 신뢰를 무너뜨린 것이다. 이 문제를 해결하기 위해, 나는 모든 직원이 어떤 상황에서도 동일한 언어와 논리로 설명할 수 있도록 체계적인 고객 응대 스크립트를 제작하여 교육했다.

직원 개개인의 태도, 기준, 그리고 기술적 감각의 차이는 단순히 개인의 역량 문제를 넘어 팀 전체의 성과에 직접적인 영향을 미친다.

정리정돈에 대한 기준이 저마다 다르면 매장의 시각적 품질이 저하된다. 고객이 들어왔을 때 어떤 날은 깔끔하고, 어떤 날은 어수선하다. 고객을 응대하는 톤이 일관되지 않으면 브랜드 이미지가 흐려진다.

"이번 직원은 친절했는데, 지난번 직원은 좀 무뚝뚝했어요" 관리 시의 기술적 리듬이 다르면 고객 리뷰의 편차가 커진다. "이번에는 정말 좋았는데, 지난번보다 아쉬웠어요" 이런 문제들을 겪으며, 나는 직원 개개인의 문제를 탓하는 대신, 모든 차이를 '교육 시스템의 문제'로 바라보고 시스템을 통해 해결하는 접근 방식을 확립했다.

미국 고객층은 피부 관리 경험에 대한 선호가 크게 두 그룹으로 나뉜다.

하나는 관리가 충분히 느껴지지 않으면 만족하지 못하는 고객이고, 다른 하나는 과도한 자극을 불편하게 여기는 고객이다. 통계적으로 미국 고객의 평균 선호는 피부에 부담 없이 전달되는 안정감 있는 터치지만, 시카고의 일부 고객층은 보다 강한 케어감을 선호하는 경향이 있었다. 문제는 이러한 소수의 요구가 전체 서비스 기준의 균형을 흔들 수 있다는 점이다.

한번은 한 고객이 "좀 더 강하게 해주세요. 훨씬 더 강하게요"라고 계속 요청했다. 직원은 그 요청에 맞춰 케어를 진행했지만, 다음 날 고객에게서 연락이 왔다. "얼굴이 붓고 피부에 트러블이 생겼어요" 의학적으로 설명하면, 지나치게 강한 자극은 림프 흐름을 방해하고 피부 장벽에 부담을 주어, 오히려 부기와 트러블을 유발할 수 있다.

그래서 나는 결정했다. 일부 고객의 요청에 무작정 따르기보다, 의학적으로 가장 안전하고 효과적인 균형 잡힌 케어감을 서비스의 절대 기준으로 확립하고, 이를 기술 매뉴얼에 명확히 명시하기로 했다.

지점이 늘어나고 예약이 폭발적으로 증가하는 급격한 성장기는 가장 위험한 시기이다.

브랜드가 애써 확립한 '기준'이 가장 먼저 무너지기 쉽다. 운영 속도가 교육 속도를 앞지르기 시작하면 신규 직원의 적응 기간이 길어지고, 제대로 교육받지 못한 직원이 현장에 투입된다.

브랜드의 명성이 높아짐에 따라 고객의 기대 수준은 더욱 높아져, "유명하다고 해서 왔는데 기대만큼은 아니네요"와 같은 실망이 나온다. 이 과정에서 필연적으로 관리의 사각지대가 발생하며 시스템에 과부하가 걸린다. 나는 이 경험을 통해 성장 속도를 조절해야 한다는 것을 배웠다. 교육 시스템이 안정적으로 운영되고, 모든 직원이 기준을 완벽히 익힌 다음에 확장해야 한다는 것을.

문제가 발생한 후에 수습하는 방식이 아니라, 애초에 문제가 발생하지 않도록 예방하는 시스템을 구축하는 것이 브랜드 철학의 최우선 순위가 되었다.

한국식 디테일은 분명 강력한 경쟁력이다. 하지만 즉각적인 결과를 중시하는 미국 시장에서는 관리 직후 눈에 보이는 효과가 반드시 나타나야 한다.

이 시장의 요구에 부응하기 위해, 나는 아이템 선정부터 기술 구성, 관리 순서에 이르기까지 모든 것을 "즉각적인 변화를 만들어내는가?"라는 단 하나의 기준으로 재편해야 했다. 때로는 한 문장이 모든 걸 바꿨다.

"예상보다 리프팅 효과가 미미했어요."

고객의 이 한마디는 그날의 모든 기획을 원점에서 재검토하게 만들었다. 나는 관리 순서를 바꿨다. 압력을 조정했고, 시술 시간을 늘렸다. 그리고 다시 테스트했다. 만족스러운 결과가 나올 때까지 그 과정을 반복했다. 그것은 극심한 긴장감과 압박감이었다. 하지만 이것이야말로 현재의 고도화된 기술 시스템을 완성시킨 원동력이 되었다.

초기에는 직원마다 서비스 결과가 달랐다. 이것은 큰 문제였다. 고객 만족도는 들쭉날쭉했고, 리뷰 또한 불일치했다. 결국 체계적인 교육 시스템을 구축해야 한다는 결론에 이르렀다. 명확한 시스템 없이는 브랜드의 확장이 절대 불가능했다.

미국 고객의 솔직한 피드백은 때로 상처가 되었다. 하지만 결과적으로는 브랜드를 더욱 강하게 단련시키는 원동력이 되었다. 이 '정직한 시장'은 항상 높은 긴장감을 유지하게 했지만, 동시에 브랜드의 기준을 더욱 정교하게 다듬도록 만들었다.

가장 뼈아픈 교훈은 이것이었다. 리더가 흔들리면 팀 전체가 흔들린다는 것이었다. 리더가 지치고 방향성을 잃으면, 그 불안감은 팀 전체에 빠르게 전염된다. 문제가 발생했을 때 즉시 해결하지 않으면, 팀의 신뢰가 무너진다. 끊임없이 기준을 설명하고 강조하지 않으면, 기준은 결국 사라진다. 리더가 굳건히 중심을 잡는 것, 이것이 브랜드 운영에서 마주하는 가장 현실적인 문제이자 동시에 가장 확실한 해결책이었다.

미국 시장에서 겪었던 수많은 문제들은 실패의 기록이 아니다. 그것은 브랜드를 더욱 강하고 단단하게 만든 귀중한 재료였다. 체계적인 직원 교육 시스템이 만들어진 것도, 관리 프로토콜이 정교해진 것도, 명확한 고객 응대 기준이 생긴 것도, 그리고 브랜드의 철학이 흔들림 없이 확립된 것도 모두 현실에서 부딪혔던 문제들 덕분이었다. 문제는 피해야 할 대상이 아니다. 마주하는 즉시 분석하고, 시스템을 통해 해결하며, 명확한 기준으로 고정해야 하는 과제다. 이 방식이야말로 브랜드를 미국 시장에서 흔들리지 않게 만든 가장 현실적이며 강력한 무기다.

19장.
오프라인 매장 입지 전략 – 상권은 감이 아니라 계산이다

해외 창업에서 매장 위치는 사업의 생존을 결정한다. 아무리 뛰어난 기술과 완벽한 서비스를 갖췄어도, 잘못된 입지는 브랜드를 무너뜨린다.

나는 아이템을 고를 때 '유행'보다 생존력을 본다. 시간이 지나도 남는 기술인지, 내가 직접 해보고 확신이 있는지, 고객의 문제를 확실히 해결해 줄 수 있는지를 따진다. 매장 선정도 마찬가지다. 상권은 숫자가 아니라 감각 + 경험 + 데이터로 판단한다.

내가 매장을 결정하기 전 반드시 하는 일이 있다. 그 자리에 직접 가서 하루 종일 앉아보는 것이다. 지나가는 사람들을 관찰하고, 주변 가게들을 둘러보고, 그 지역의 '공기'를 느낀다. 그리고 스스로에게 묻는다.

"내가 하루 8시간 앉아 있어도 감이 오는 자리인가?"

이 질문에 확신 있게 답할 수 없다면, 그 자리는 아니다. 데이터가 아무리 좋아도, 내 감각이 "아니다"라고 말하면 포기한다.

오프라인 매장 선정 기준 13가지

1. 여성 고객의 동선이 많은가

스파의 주 고객층은 여성이다. 카페, 요가 스튜디오, 유기농 슈퍼마켓처럼 여성들이 자주 다니는 곳 근처에 매장이 있어야 한다. "지나가다 우연히 발견했어요"라는 말이 나오는 위치가 최고다.

2. 주변 상권의 성격이 나의 서비스와 맞는가

고급 레스토랑, 부티크 숍, 프리미엄 헬스클럽이 있는 지역은 프리미엄 서비스를 선호하는 고객층이 형성되어 있다. 반면 저가 할인 매장이 즐비한 곳은 가격 중심 소비 패턴을 가진다. 상권의 성격이 브랜드 이미지를 결정한다.

3. 경쟁 숍의 수준 – 강한 곳 근처가 유리하다

많은 창업자들이 경쟁자가 없는 곳을 찾지만, 나는 정반대로 생각한다. 수준 높은 경쟁자가 있는 곳이 오히려 좋다. 이미 그 지역 고객들은 프리미엄 서비스에 돈을 쓸 준비가 되어 있기 때문이다. 시장이 검증된 증거다. 나는 더 나은 기술로 승부하면 된다.

4. 매장 외관 및 노출도

1층 모퉁이 자리가 최고다. 지나가는 사람들이 쉽게 보고, 간판이 명확하며, 주차장 접근이 편하다. 2층이나 지하는 아무리 월세가 저렴해도 피한다.

5. 상권의 평균 연령·소득 수준

30~50대 여성 비율이 높고, 가구당 평균 소득이 $100,000 이상인 지역이 이상적이다. 프리미엄 서비스는 소득 수준이 뒷받침되어야 한다.

6. 월세 대비 성장성

월세가 싸다고 무조건 좋은 게 아니다. 월세 $3,000에 매출 $15,000보다, 월세 $8,000에 매출 $50,000가 훨씬 낫다. 월세는 비용이 아니라 투자다.

7. 직원 출퇴근 동선

직원이 출근하기 힘든 곳은 이직률이 높아진다. 대중교통 접근성과 주차 편의성이 좋아야 한다.

8. 인근 지역의 문화적 다양성

문화적으로 개방적인 지역일수록 K-Beauty를 빠르게 받아들인다.

9. 상권과 주거지역이 공존하는가

상업지역만 있으면 주말에 텅 비고, 주거지역만 있으면 평일 낮이 한산하다. 두 가지가 적절히 섞인 곳이 좋다.

10. 수준 높은 지역인가

부촌 커뮤니티 고객들은 품질에 민감하고, 프리미엄 서비스에 기꺼이 지불하며, 한번 단골이 되면 평생 온다.

11. 내가 하루 8시간 앉아 있어도 감이 오는가

결국 마지막은 감각이다. "여기다" 싶은 확신이 올 때만 계약한다.

12. 임대 계약 조건의 유연성

최소 3년 계약, 초기 렌트 프리 기간, 합리적인 옵션 연장 조건을 꼼꼼히 확인한다.

13. 주차 공간 확보

미국에서 주차는 필수다. 최소 5대 이상 주차 가능해야 한다.

스킨케어에 접근하는 근본적인 철학에서 두 나라는 뚜렷한 차이를 보인다.

한국의 스킨케어는 꾸준한 관리를 통해 피부 본연의 건강함을 되찾고 장기적인 개선을 목표로 하는 데 중점을 둔다. 반면, 미국에서는 즉각적인 효과를 통해 현재의 피부 문제를 빠르게 해결하려는 경향이 강하다.

이러한 철학의 차이는 시술에 대한 신뢰도와 인식으로 이어진다. 한국 소비자들은 전문가의 손길을 신뢰하며 기계를 이용한 전문 관리를 일상적인 스킨케어의 일부로 받아들인다.

하지만 미국 소비자들은 스스로 관리하는 홈 케어(DIY)를 선호하는 경향이 있으며, 자연주의를 중시하여 Non-invasive(비침습적 시술)와 같이 인위적인 개입을 최소화하는 방식을 선호한다.

고객이 서비스를 통해 기대하는 가치와 경험 역시 상이하다.

한국 고객들은 시술의 결과와 디테일에 집중하는 반면, 미국 고객들은 과정의 효율성과 편안함, 그리고 휴식(릴렉스) 자체를 중요하게 생각한다. 이러한 차이는 주요 피부 고민과 가격에 대한 감각에서도 나타난다.

한국에서는 모공, 탄력, 톤업과 같은 고민이 주를 이루지만, 미국에서는 색소침착, 건조, 주름에 대한 관심이 더 높다.

가격 면에서도 한국 시장은 경쟁이 치열하여 합리적인 가격이 중요하지만, 미국 시장은 프리미엄 경험에 대해서는 기꺼이 높은 비용을 지불하는 경향을 보인다.

뷰티 트렌드를 수용하는 속도와 미적 기준에서도 문화적 차이가 존재한다. 한국 시장은 새로운 트렌드를 매우 빠르게 도입하고 확산시키는 특징이 있다. 반면, 미국 시장은 새로운 기술이나 제품을 받아들일 때 안전성과 FDA(미국 식품의약국)의 승인 여부, 그리고 실제 사용자들의 리뷰를 매우 중요하게 여기며 신중하게 접근한다.

미적 기준에 있어서도 한국은 잡티 없이 깨끗하고 맑은 피부를 선호하는 반면, 미국은 건강하게 빛나는 피부를 바탕으로 한 색조 메이크업을 중시하는 경향이 있다.

브랜드에 대한 신뢰를 형성하는 방식과 고객과의 관계를 맺는 유형에서도 두 문화는 명확한 차이를 보인다. 한국의 소비자들은 주로 실제 사용자의 리뷰나 주변 사람들의 입소문을 통해 브랜드를 신뢰하는 경향이 강하다. 반면, 미국 소비자들은 해당 분야 전문가의 권위 있는 의견이나 브랜드가 가진 고유의 철학과 스토리에 더 큰 무게를 둔다.

또한, 고객과의 관계 설정에서도 차이가 나타난다. 한국에서는 서비스를 제공하는 '관리사'와 서비스를 받는 '고객'이라는 역할 구분이 비교적 명확하다. 그러나 미국에서는 고객의 피부 문제를 함께 진단하고 장기적인 개선 계획을 세워 나가는 '코치(Coach)'와 '클라이언트(Client)'의 수평적인 파트너십 관계로 발전하는 경우가 많다.

이러한 문화적 차이의 결합이 바로 K-뷰티가 미국 시장에서 성공할 수 있었던 핵심적인 이유이다. 결국 K-뷰티가 미국 시장에서 강력한 경쟁력을 확보할 수 있었던 것은 한국 특유의 정교하고 체계적인 관리 문화가 미국의 실용적인 솔루션 중심 문화와 만나 전에 없던 압도적인 차별성을 만들어냈기 때문이다.

청담
K-BEAUTY
SPA

PART 7

앞으로의 10년을 만들어 갈 길

20장.
Head Spa 브랜드 확장 전략

내가 미국 시장에서 여러 해 동안 스파를 운영하며 가장 크게 체감한 변화는, 고객의 관심사가 얼굴에서 두피로, 그리고 미용에서 웰빙으로 이동하고 있다는 사실이었다.

피곤한 현대사회. 끊임없이 일하고, 스트레스받고, 잠도 제대로 못 자는 사람들. 고객들은 이제 단순히 "예뻐지고 싶다"는 미용적 욕구를 넘어 "쉬고 싶다", "회복하고 싶다"라는 절실한 목소리를 내기 시작했다.

우리 매장에서 잠든다는 것은 우연이 아니다. 대부분의 고객은 관리 도중 자연스럽게 의식이 느슨해지고 몸이 먼저 반응해 깊은 이완 상태로 들어간다. 한 고객은 처음부터 이렇게 말했다. "오늘은 효과보다, 그냥 편하게 쉬고 싶어요." 그 순간 나는 확신했다. 결과는 서비스의 기준이지만 고객이 진짜 돈을 지불하는 것은 편안함에 대한 신뢰라는 것을.

이러한 시장의 흐름에 따라, 나는 앞으로 두피 관리에 특화된 헤드 스파(Head Spa) 전문 브랜드를 집중적으로 확장할 계획이다. 두피는 단순히 머리카락이 자라는 곳이 아니라, 몸 전체의 순환과 에너지가 시작되는 지점이다. 고객들은 이제 "몸 전체의 순환과 흐름을 바꾸고 싶다"라는 근본적인 건강의 문제를 이야기하기 시작했다.

우리가 제공하는 것은 단순한 미용 서비스가 아니다. 피곤한 현대인들에게 진정한 웰빙과 회복의 시간을 선물하는 것이다.

그리고 그 흐름의 중심에 바로 두피가 있었다.

두피도 피부다. 두피는 얼굴 피부의 연장선일 뿐만 아니라, 얼굴 피부의 처짐은 두피에서부터 시작된다. 더 나아가 두피는 인체 내 림프, 근막, 혈류 순환의 시작점이 되는 매우 중요한 부위다. 따라서 헤드 스파는 단순한 두피 마사지가 아니라, 전신의 균형을 회복시키는 기술의 출발점이라고 할 수 있다.

최근 몇 년간 미국 스파 시장에서는 헤드 스파의 부상을 예고하는 두 가지 뚜렷한 변화가 나타나고 있다.

첫째, 고객들은 더 이상 얼굴만 관리하는 서비스에 만족하지 않는다. 이들은 만성적인 피로, 근육의 긴장, 스트레스, 수면의 질 저하, 두통과 같은 문제를 종합적으로 해결해 주는 서비스를 원한다.

둘째, 두피 관리가 곧 건강 관리라는 인식이 빠르게 확산되고 있다. 미국 고객들은 특정 부위의 미용적 개선보다 '전신 컨디션의 최적화'라는 더 큰 가치에 주목하기 시작했다. 이처럼 두피에서 시작하여 목과 얼굴, 그리고 림프의 흐름까지 전체를 하나로 보는 기술적 연결성이 핵심 경쟁력으로 떠오르고 있다. 즉, 헤드 스파는 한국의 K-뷰티 기술이 가진 '전체성(holistic integration, 각 부분을 유기적으로 통합하여 전체를 완성하는 개념)'의 강점을 가장 효과적으로 보여줄 수 있는 전략적 영역이다.

한국에서 독자적으로 발전해 온 헤드 스파는 단순한 두피 클렌징 서비스를 훨씬 뛰어넘는 고도의 전문성을 갖추고 있다. 여기에는 근막의 구조적 불균형을 바로잡는 근막 조정 기술, 림프 순환의 원리를 해석하여 적용하는 기술, 그리고 상태에 따른 미세한 압력 조절 능력이 포함된다. 또한 두피, 목, 어깨, 안면 근육을 통합적으로 관리하는 체계적인 접근 방식을 특징으로 한다. 중요한 것은 두피도 피부와 동일하게 체계적인 프로토콜과 관리가 필요하다는 사실이다. 얼굴 피부를 관리하듯 두피 역시 단계별 클렌징, 각질 제거, 영양 공급, 순환 촉진의 체계적 프로세스를 따라야 하며, 개인의 두피 상태에 맞춘 맞춤형 관리가 이루어져야 한다. 이러한 복합적인 기술 구조를 미국 시장에서 그대로 구현할 수 있는 브랜드는 거의 존재하지 않는다. 섬세하고 정교한 한국식 디테일은 해외 시장에서 그 자체로 강력한 프리미엄 가치를 지니며, 특히 헤드 스파는 그 디테일이 가장 극대화되는 분야다. 따라서 한국식 헤드 스파는 미국 시장의 소비자들에게 완전히 ‘새로운 경험’이자 독보적인 ‘프리미엄 서비스’로 인식될 것이다.

헤드 스파 브랜드 확장을 위한 5가지 핵심 전략

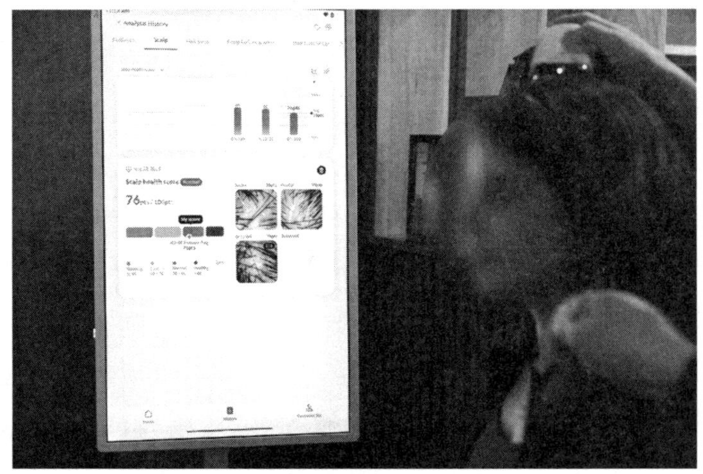

첫째, 기술 표준화를 통해 두피, 목, 어깨를 아우르는 통합 프로토콜을 구축해야 한다. 헤드 스파는 관리사의 숙련도에 따라 결과의 편차가 크게 나타날 수 있는 분야이므로, 직원이 바뀌어도 고객이 항상 동일한 수준의 서비스를 경험할 수 있도록 시스템을 구축하는 것이 무엇보다 중요하다. 이를 위해 ‘두피 근막 이완 → 목 림프 정리 → 얼굴 연동’으로 이어지는 관리 순서, 미국 고객의 선호도를 반영한 중간 강도의 압력 기준, 그리고 안정감을 주는 일정한 기술 리듬을 포함한 표준 프로토콜을 확립해야 한다. 또한 관리 전후의 변화를

'안면선 개선과 두피 뭉침 완화'를 중심으로 명확하게 보여주어야 한다. 확고한 표준이 있어야만 안정적인 브랜드 확장이 가능하다.

둘째, 시카고 지점에서 검증된 엄격한 서비스 기준을 바탕으로 브랜드의 독자성을 확보해야 한다. 브랜드의 성장을 관통하는 핵심 키워드는 '기준'이었으며, 서비스의 기준을 낮추지 않고 고수하는 것이 오히려 시장에서 강력한 차별화 요소로 작용했다. 헤드 스파 브랜드 역시 **▲과도하지 않은 터치 강도와 자극의 균형 ▲명확한 과정 설명 ▲즉각적인 변화 체감 ▲끊김 없는 기술의 흐름**이라는 네 가지 핵심 기준을 그대로 유지해야 한다. 이 기준들을 체계화하여 '민디스 헤드 스파 메소드(Mindy's Head Spa Method)'와 같은 독자적인 프로토콜을 확립한다면, 미국 시장에서 누구도 복제할 수 없는 강력한 브랜딩을 구축할 수 있다.

셋째, 정교한 손기술 위에 기술적 완성도를 더해 줄 제품과 장비를 전략적으로 결합해야 한다. 새로운 장비를 도입할 때 가장 먼저 검증해야 할 기준은 분명하다. 지금 이 장비가 고객이 즉시 체감할 수 있는 변화를 만들어 내는가.

헤드 스파 브랜드의 확장에 필요한 것은 사람의 손기술을 대체하는 고가의 장비가 아니다. 오히려 수기 관리의 효과를 증폭시키고 고객이 결과를 이해하고 신뢰할 수 있게 만들어 주는 보조적 기술의 조합이다.

예를 들어 중강도의 자극을 정교하게 구현하는 근막 리프팅 기기, 두피 혈류 반응을 가시적으로 끌어올리는 LED 장비, 그리고 림프 순환을 안정적으로 돕는 저주파 기기 등은 손기술의 리듬을 해치지 않으면서 효과의 설득력을 강화하는 좋은 예다.

핵심은 분명하다. 장비는 기술을 대신하는 존재가 아니라, 기술이 가진 가치를 더 분명하게 증명해 주는 도구여야 한다.

넷째, 미국 고객의 특성에 맞춘 스토리텔링으로 고객 경험을 정교하게 설계해야 한다.

미국 고객은 서비스를 단순히 '느끼는 것'에서 멈추지 않고, 그 과정과 결과가 어떤 논리로 연결되는지를 이해하고자 한다. 이들에게 중요한 것은 무엇을 하느냐보다, 왜 지금 이 단계가 필요한가에 대한 명확한 설명이다.

따라서 헤드 스파 브랜드는 전문성을 과시하는 언어가 아니라, 고객의 몸에서 일어나는 변화를 해석해 주는 언어로 소통해야 한다.

예를 들어, 관리 초반에 이렇게 설명할 수 있다.

"지금 이 단계는 두피만을 위한 관리가 아닙니다. 목과 어깨의 긴장을 먼저 내려야 얼굴이 자연스럽게 반응할 수 있어요(This step isn't just for your scalp. By releasing tension in your neck and shoulders first, we allow your face to respond more naturally)."

이러한 설명은 고객이 자신의 몸을 각각의 부위가 아닌, 하나의 흐름으로 이해하도록 돕는다.

또 다른 예로, 특정 부위를 관리하며 이렇게 말할 수 있다.

"이 부분이 풀리면, 씹을 때 느끼던 턱의 긴장이 먼저 완화될 거예요(When this area releases, you'll often notice jaw tightness easing first)."

이처럼 앞으로 일어날 변화를 예고하는 언어는 고객을 수동적인 대상이 아니라, 자신의 변화를 이해하고 기다리는 참여자로 만든다. 고객은 결과를 보기 전에 이미 확신을 갖는다. 그리고 그 확신이, 재방문을 결정짓는 가장 강력한 이유가 된다.

다섯째, 교육 시스템을 중심으로 지점 확장 구조를 설계해야 한다. 브랜드의 진정한 힘은 교육에서 나오며, 헤드 스파 브랜드 확장의 성패 역시 교육 시스템에 달려있다. 이를 위해 10일간의 집중 헤드 스파 트레이닝 프로그램을 운영하며, 이 과정에는 미국식 커뮤니케이션 스크립트 교육, 관리 전후의 변화를 확인하는 명확한 체크 기준 설정, 일대일 기술 보정 세션, 그리고 압력·속도·리듬·연결성과 같은 핵심 감각을 재교육하는 과정이 모두 포함된다. 교육 시스템을 강화하면 각 지점은 자연스럽게 안정적인 운영 기반을 갖추게 된다.

헤드 스파는 단순히 새로운 서비스 메뉴가 아니라, 브랜드의 다음 10년을 설계하는 가장 중요한 전략적 축이다. 그 이유는 명확하다. 첫째, 미국 시장은 스트레스 완화와 관련된 서비스에 적극적으로 비용을 지불하고 있다. 둘째, 정교한 한국식 디테일은 현지 시장에서 경쟁자가 거의 없는 독보적인 위치를 점한다. 셋째, 헤드 스파는 기술, 교육, 그리고 브랜드 철학이 가장 이상적으로 결합되는 영역이다. 마지막으로, 높은 재방문율과 체계적인 프랜차이즈 구조에 적합한 확장성까지 갖추고 있다. 이러한 이유로 헤드 스파 브랜드는 전체 비즈니스 구조에서 가장 높은 성장 가능성을 지닌 핵심 영역이 될 것이다.

21장.
아카데미, 장비, 제품 개발

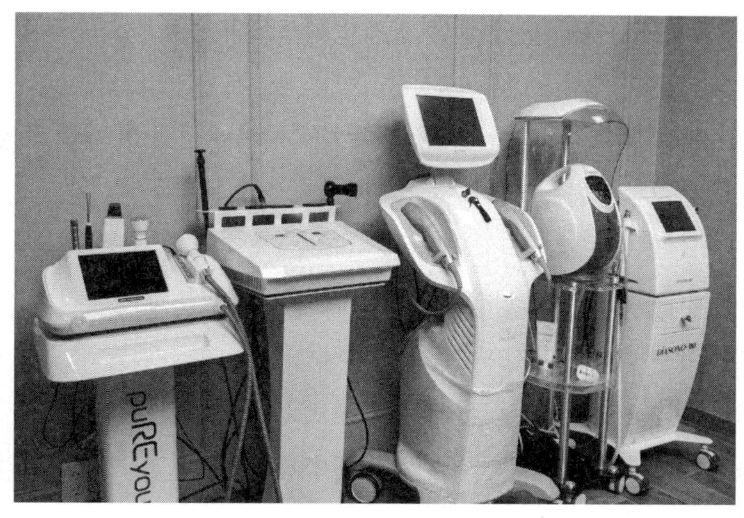

미국 시장에서 10년 이상 사업을 운영하며 나는 한 가지 확신을 얻었다. 기술은 공유해야만 살아남고 성장할 수 있다는 것이다. 기술을 한 사람만 독점하고 있으면 브랜드는 결코 확장될 수 없다. 뛰어난 기술을 가진 한 사람의 손이 브랜드를 만드는 것이 아니다. 그 기술을 동일한 방식으로 구현하는 사람들을 체계적으로 양성할 때 비로소 진정한 브랜드가 탄생한다. 이러한 철학에 따라 나는 후학을 양성하기 위한 아카데미를 설립할 계획이다. 이것은 선택 사항이 아니라 브랜드가 성공적으로 확장하기 위해 반드시 갖추어야 할 핵심 구조이다.

아카데미가 필요한 이유는 세 가지였다.

첫째, 아카데미는 기술의 일관성을 유지하기 위해 반드시 필요하다. '직원이 바뀌어도 동일한 결과가 나오도록 시스템을 구축해야 한다'라는 원칙은 브랜드 성장의 근간이다. 체계적인 교육 시스템 없이는 안정적인 확장이 불가능하며, 아카데미는 바로 이 기술적 일관성을 지키는 가장 강력하고 효과적인 장치 역할을 한다.

둘째, 한국 고유의 섬세한 기술을 미국 시장의 결과 중심적 특성에 맞게 재해석하고 설명하는 역할을 수행한다. 한국식 디테일과 미국 시장의 결과 중심 접근법을 성공적으로 재조합하기 위해서는, 기술을 체계적인 언어로 완성하는 과정이 필수적이다. 아카데미는 압력의 기준, 리듬의 패턴, 림프와 근막 흐름에 대한 해석, 관리 전후의 변화를 판단하는 기준, 그리고 고객 응대에 필요한 미국식 설명 방식까지 모든 요소를 하나의 통일된 교육 프레임으로 만들어 브랜드 전체의 기반을 견고하게 다진다.

셋째, 아카데미는 브랜드의 전문성을 시장에 공식적으로 증명하는 시스템이다. 아카데미는 단순한 교육 기관을 넘어, 브랜드가 축적한 기술 자산을 공식화하는 역할을 한다. 아카데미를 통해 기술은 공식적인 언어가 되고 브랜드의 신뢰도는 높아진다. 또한, 이는 향후 프랜차이즈나 지점 확장에 필요한 법적, 운영적 기반이 되며 일관된 기준으로 인재를 양성하는 통로가 된다. 결론적으로 아카데미는 브랜드를 단순한 서비스 제공자를 넘어 하나의 '전문 기술 집단'으로 만드는 핵심 구조이다.

기술의 완성도를 높이는 또 다른 축은 바로 장비 개발이며, 장비 개발의 핵심 원칙은 고객이 눈으로 즉각적인 효과를 확인할 수 있어야 한다는 점이다.

이때 장비는 사람의 손기술을 대체하는 것이 아니라, 기술의 효과를 더욱 강화하는 기술적 보조 장비여야 한다. 정교한 손기술이 브랜드의 핵심 경쟁력인 만큼, 장비는 그 기술과 조화를 이루며 시너지를 내는 방향으로 개발되어야 했다.

나는 장비 개발에 다섯 가지 핵심 기준을 세웠다.

첫째, 고객이 즉각적인 결과를 눈으로 확인할 수 있어야 한다. 미국 고객은 관리 당일에 명확한 변화가 보이지 않으면 장비를 신뢰하지 않는 경향이 있다. 따라서 부기 완화, 주름 개선, 리프팅, 근막 이완, 피붓결 개선이라는 네 가지 핵심 결과가 관리 직후 즉각적으로 측정되고 확인될 수 있도록 설계해야 했다.

둘째, 장비는 손기술과 충돌하지 않고 오히려 상승 효과를 내야 한다. 브랜드의 핵심이 판단력, 감각, 그리고 연결성에 기반한 손기술에 있는 만큼, 장비는 이러한 기술을 방해해서는 안 된다. 장비는 손의 리듬을 해치지 않아야 하고, 압력을 과도하게 증폭시키지 않아야 하며, 관리의 전체적인 흐름을 끊지 않아야 한다. 장비는 기술의 적이 아니라, 기술의 효과를 극대화하는 동반자가 되어야 했다.

셋째, 직원이 쉽게 배우고 사용할 수 있어야 한다. 장비의 성능이 아무리 뛰어나도 직원이 익히기 어렵다면 브랜드 전체의 서비스 품질을 저해하는 독이 될 뿐이다. 교육은 반복과 관찰을 통해 자연스럽게 습득되어야 하므로, 장비의 구조는 단순해야 하고 영상 교육만으로도 충분히 학습이 가능해야 한다. 또한, 짧은 시간 내에 일관된 결과를 재현할 수 있어야 브랜드 전체의 경험이 무너지지 않는다.

넷째, 유지 및 보수 비용이 합리적이어야 한다. 미국에서 장비의 유지, 수리, 부품 교체에 드는 비용은 예상보다 훨씬 클 수 있다. 따라서 개발 단계에서부터 소모품 비용, 부품 교체 주기, 유지보수의 난이도 등을 철저히 고려하여 장기적인 운영 부담을 최소화해야 한다.

다섯째, 브랜드의 철학과 완벽하게 일치해야 한다. '철학이 분명한 브랜드만이 경쟁에서 살아남는다'라는 원칙은 장비 개발에도 동일하게 적용된다. 장비가 아무리 혁신적이라도 브랜드의 핵심 철학과 맞지 않으면 정체성을 흐리게 할 뿐이다. 나는 고객 중심, 문제 해결 중심, 그리고 즉각적인 효과 중심이라는 세 가지 기준에 부합할 때만 장비를 개발하기로 했다.

기술의 연장선 위에서, 나는 브랜드의 또 다른 얼굴인 제품 개발을 구상했다. 자체 화장품 라인을 출시하여 브랜드 경험을 확장할 계획을 가지고 있다. 이때 제품은 단순한 판매 수익을 위한 수단이 아니다. 제품의 진정한 역할은 브랜드가 제공하는 전문적인 기술 철학을 고객이 '집에서도 이어지는 경험'으로 만들어주는 것이다.

첫째, 제품은 기술의 목적과 완전히 동일한 방향성을 가져야 한다. 예를 들어, 두피의 혈액 순환 개선을 목표로 하는 기술에는 두피 세럼을, 부기 완화 기술에는 림프 순환을 돕는 크림을, 그리고 리프팅 기술에는 페이셜 텐션 케어 제품을 연결하는 방식이다. 이처럼 제품은 브랜드가 추구하는 '기술의 언어'와 완벽하게 일치해야 한다.

둘째, 사용법이 명확하고 논리적으로 구조화되어야 한다. 미국 고객들은 제품을 사용할 때 왜(Why), 언제(When), 얼마나 오래(How long) 사용해야 하며, 어떤 결과(What result)를 기대할 수 있는지를 매우 중요하게 생각한다. 따라서 제품 설명은 전문가의 관리 프로토콜처럼 체계적으로 단계화하여 고객이 쉽게 이해하고 따라 할 수 있도록 만들어야 한다.

셋째, 관리 전후(Before & After)의 명확한 비교를 중심으로 브랜딩해야 한다. 관리 전후의 변화는 고객에게 신뢰를 주는 가장 확실한 기준이다. 따라서 제품 개발 과정은 단순히 성분을 조합하는 것을 넘어, 사용 후 얻게 될 긍정적인 결과를 중심으로 한 설득력 있는 스토리를 만드는 과정이 되어야 한다.

넷째, 아카데미 교육과 제품을 유기적으로 연동하여 시너지를 창출해야 한다. 가장 이상적인 구조는 아카데미에서 전문가들이 기술을 배우고, 현장에서 그 기술을 강화하는 장비를 사용하며, 고객이 집에서 제품을 통해 그 효과를 유지 및 관리하는 선순환 구조를 만드는 것이다. 이러한 시스템이 구축되면, 브랜드는 고객의 '하루 24시간' 속에 깊숙이 자리 잡게 된다. 이처럼 제품은 브랜드 확장을 완성하는 최종 퍼즐 조각과 같다.

결론적으로, 아카데미, 장비, 그리고 제품은 향후 10년간 브랜드 확장을 이끌어갈 세 개의 핵심축이다. 기술이 브랜드의 중심이 되는 비즈니스를 확장하고자 하는 나의 궁극적인 목표는 이 세 가지 요소가 유기적으로 결합될 때 비로소 완성될 수 있다.

기술은 아카데미, 장비, 제품이라는 세 가지 축을 통해 체계적으로 구조화된다. 아카데미는 기술을 정립된 '언어'로 만드는 역할을 하고, 장비는 그 기술의 영향력을 넓히는 '확장성'을 부여하며, 제품은 고객의 일상에서 그 효과가 이어지도록 하는 '지속성'을 책임진다. 이 세 가지 축이 유기적으로 완성될 때, 브랜드는 단순한 스파를 넘어 미국 시장에서 장기적인 생명력을 갖는 K-뷰티 전문 플래그십 시스템으로 성장할 수 있다.

22장.
Boutique Spa 리브랜딩 & 호텔 제휴 모델

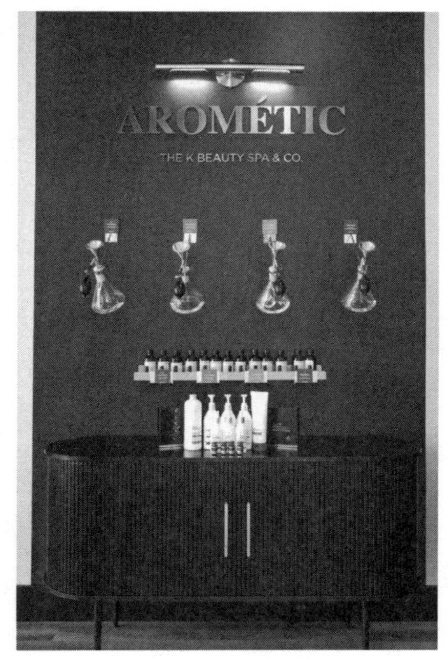

브랜드의 성장은 기술에서 출발하지만, 진정한 도약은 '파트너십'을 통해 결정된다. 수년간 미국에서 스파를 운영하며 얻은 핵심적인 통찰은 바로 이것이다.

나는 한국의 주요 호텔들과 협업을 시작했다. 한국에서 방문한 고객들이 미국에서도 동일한 K-Beauty 경험을 할 수 있도록, 그리고 미국 현지 고객들에게는 한국 호텔급의 프리미엄 서비스를 경험하게 하기 위해서였다.

이러한 컬래버레이션을 통해 K-Beauty는 단순히 하나의 스파 브랜드를 넘어, 한국의 뷰티 문화 전체를 전파하는 플랫폼이 되었다. 호텔이라는 신뢰받는 공간과 결합하면서, 브랜드의 가치와 인지도는 더욱 확장될 수 있었다.

따라서 다음 10년의 전략은 기술 중심 브랜드에서 한 걸음 더 나아가, 전략적 파트너십을 통해 K-Beauty의 영향력을 확대하는 과정에 초점을 맞춘다.

잠재력 있는 부티크 스파는 브랜드의 철학을 담아낼 최적의 그릇이다. 대형 체인의 표준화된 공간과 달리, 부티크 스파는 고유의 감정, 온도, 속도, 분위기를 지니고 있다. 이러한 독특한 공간을 리브랜딩하면, 브랜드의 기술과 철학을 고스란히 담아내면서도 특별한 경험을 제공하는 장소로 재탄생시킬 수 있다.

첫째, 기술이 공간과 만나면 고객은 차별화된 '경험'을 소비하게 된다. '한국식 디테일과 미국식 결과 중심의 기준'이 결합된 프리미엄 서비스를 기존 공간에 그대로 녹여내면, 고객은 단순히 기술을 받는 것이 아니라 브랜드가 설계한 총체적인 경험을 소비하게 된다. 둘째, 기존에 확보된 고객층이 존재하여 리브랜딩 후 빠른 성장이 가능하다. 부티크 스파는 이미 일정 규모의 고객층을 보유하고 있으므로, 새로운 브랜드를 적용한 후에도 안정적인 기반 위에서 신속하게 성장할 수 있다. 셋째, 신규 지점을 개설하는 것보다 기존 공간을 재활용하는 것이 훨씬 효율적이고 안정적인 성장 모델이다. 새로운 지점을 처음부터 만드는 것에 비해, 이미 운영 중인 공간을 리브랜딩하는 방식은 비용과 시간 측면에서 훨씬 효율적이다.

부티크 스파 리브랜딩을 성공으로 이끄는 다섯 가지 핵심 전략이 있다. 이는 단순히 인테리어를 바꾸는 것을 넘어, 운영 시스템과 철학 전반을 혁신하는 과정이다.

첫째, 기존 고객 분석을 통해 서비스의 '기준'을 재설정해야 한다. 기존 부티크 스파의 고객들은 기술적 효과보다는 공간의 '분위기' 때문에 방문하는 경우가 많다. 이 고객층에게 한국적인 디테일과 미국식 결과 중심의 서비스가 결합된 새로운 경험을 제공한다면, 서비스의 질은 압도적으로 높아지며 높은 고객 만족도를 이끌어낼 수 있다.

둘째, 관리 프로토콜을 얼굴, 두피, 림프를 아우르는 통합적인 구조로 재구성한다. 브랜드 기술의 핵심은 두피에서 목, 얼굴, 그리고 림프까지 하나의 흐름으로 보고 접근하는 연결성에 있다. 따라서 리브랜딩의 첫 단계는 단순히 서비스 메뉴를 바꾸는 것이 아니라, 이러한 철학이 반영된 전체적인 관리 흐름을 새롭게 설계하는 것이다.

셋째, 체계적인 직원 재교육을 통해 일관성 있는 서비스 품질을 확보한다. 리브랜딩의 본질은 직원을 브랜드의 철학과 시스템에 맞게 다시 빛는 일이다. 직원이 바뀌더라도 모든 고객이 동일한 수준의 결과를 경험할 수 있도록 시스템을 구축하고, 이를 완벽하게 숙지하도록 재교육하는 것이 필수적이다.

넷째, 고객에게 전달하는 모든 설명 방식을 브랜드의 고유한 언어로 통일한다. 미국 고객은 관리의 과정과 그로 인해 얻게 될 효과에 대해 명확하고 논리적인 설명을 원한다. 따라서 고객 응대 방식부터 메뉴 설명에 이르기까지, 모든 커뮤니케이션을 브랜드가 정립한 통일된 언어로 진행해야 한다.

다섯째, 나는 공간이 주는 감각적인 경험을 브랜드 철학에 맞춰 재정의한다. 부티크 스파가 본래 가지고 있던 공간적 매력을 브랜드 철학으로 구체화하는 작업이 필요하다. 고객의 동선을 기준으로 공간을 재정렬하고, 동선을 단순화하며, 소음을 완벽히 차단한다. 또한 조명, 향, 온도를 세심하게 재설정하여 고객이 온전히 관리에만 집중할 수 있는 최적의 환경을 조성한다.

호텔과의 제휴는 브랜드를 '신뢰의 상징'으로 격상시키는 과정이다. 이것은 단순한 사업적 파트너십을 넘어, 브랜드의 신뢰도를 단숨에 상승시키는 구조적인 장치다. 명성 있는 호텔 스파와 협업하여 독자적인 프로그램을 개발하고 입점하는 것은, 브랜드가 최고의 자리에 올랐음을 증명하는 가장 효과적인 방법이다.

호텔 스파와의 제휴는 브랜드의 다음 10년을 결정짓는 핵심적인 지렛대 역할을 한다. 이는 브랜드의 가치를 단기간에 극대화하는 가장 효과적인 전략이다.

첫째, 브랜드의 신뢰도를 비약적으로 상승시킨다. 호텔은 자체적인 명성과 기준을 지키기 위해 이미 엄격한 검증 과정을 통과한 최상의 브랜드만을 파트너로 선택한다. 따라서 호텔 스파에 입점하는 것 자체가 브랜드의 기술력과 서비스 품질을 공식적으로 인정받는 '성능 인증'과 같다.

둘째, 전 세계 고객을 대상으로 브랜드를 알릴 기회를 제공한다. 호텔을 방문하는 고객은 특정 지역에 국한되지 않고, 전 세계에서 유입되는 다양한 배경을 가진 이들이다. 이들을 통해 얻는 경험과 데이터는 향후 브랜드가 글로벌 시장으로 확장하는 데 있어 무엇과도 바꿀 수 없는 귀중한 자산이 된다.

셋째, 스파 프로그램을 최고 수준의 프리미엄 서비스로 격상시킬 수 있다. 호텔을 이용하는 고객은 일반 고객보다 훨씬 높은 수준의 서비스를 기대한다.

그러나 한국 특유의 섬세한 디테일과, 미국을 비롯한 선진국에서도 찾아볼 수 없는 고도로 발전된 기계력과 제품력, 그리고 명확한 결과 중심의 접근법은 이러한 높은 기준을 충족시키는 것을 넘어, 고객에게 기대 이상의 만족감을 선사할 잠재력을 충분히 갖추고 있다.

한국에 있는 사람들은 공기의 소중함을 모르듯이, K-Beauty가 해외에서 얼마나 열광적인 반응을 얻고 있는지 체감하지 못한다. 하지만 미국과 유럽 등 전 세계에서 K-Beauty에 대한 반응은 한국 사람들이 생각하는 것과는 차원이 다르다.

10대부터 50대까지, 모든 연령대가 미친 듯이 열광한다.

"안녕하세요"라는 인사말이 "Hello"만큼이나 익숙해질 정도로, K-Beauty는 이미 글로벌 문화의 일부가 되었다.

한국 사람들은 이 사실에 대해 더 큰 자부심을 가져도 된다.

우리가 만들어낸 기술력과 문화가, 지금 세계를 움직이고 있다.

넷째, 브랜드의 지식과 콘텐츠 자산을 풍부하게 확장하는 데 결정적인 역할을 한다. 호텔 스파 프로그램을 개발하고 운영한 경험은 그 자체로 중요한 지적 자산이 된다. 이 경험은 향후 아카데미 커리큘럼을 심화하고, 새로운 제품을 개발하며, 전문적인 브랜드 소개 자료를 제작하는 데 핵심적인 기반이 된다. 나아가 다른 기업을 대상으로 하는 B2B 사업으로 확장할 때에도 강력한 경쟁력으로 작용한다.

호텔과의 성공적인 제휴를 위해서는 체계적인 5단계 접근이 필요하다. 이 과정은 브랜드의 철학과 시스템을 명확하게 제시하고, 호텔이 신뢰할 수 있는 파트너임을 증명하는 과정이다.

첫째, 브랜드의 모든 기준을 철저하게 문서화한다. 나는 리더의 진정한 역할이 문제가 발생하지 않도록 미리 시스템을 구축하는 것이라고 믿는다. 호텔과 같은 대형 파트너는 구두 약속이 아닌 체계적으로 정리된 문서를 통해 브랜드를 평가한다. 따라서 관리 프로토콜, 기술 표준, 직원 교육 기준, 고객 응대 스크립트, 그리고 관리 전후 비교 기준까지 모든 것을 명확한 문서로 만든다.

둘째, 브랜드 철학을 담은 시그니처 프로그램 패키지를 개발한다. 호텔 고객은 일반적인 기본 관리보다 그곳에서만 경험할 수 있는 특별한 시그니처 프로그램을 선호한다. '민디 림프 시그니처'나 '코리안 헤드 스파 리추얼'처럼 브랜드의 정체성을 보여주는 프로그램은 단순한 서비스 메뉴가 아니다. 이는 브랜드의 철학을 하나의 장면처럼 고객에게 각인시키는 강력한 콘텐츠다.

셋째, 호텔 스파 직원을 대상으로 하는 전문 교육 프로그램을 함께 제공한다. 교육이야말로 브랜드의 힘을 가장 확실하게 전파하는 수단이다. 성공적인 호텔 제휴는 단순히 프로그램을 공급하는 데서 그치지 않는다. 호텔 직원들에게 브랜드의 기술과 서비스 철학을 직접 교육하여, 어느 곳에서든 동일한 수준의 경험을 제공할 수 있을 때 비로소 완성된다.

23장.
K-Beauty Creator로서의 또 다른 미래

미국에 처음 스파를 열었을 때, 나는 오직 한 가지 목표에만 집중했다. 그것은 바로 고객의 피부를 변화시키고 개선하여 얼굴에 진정

한 광채를 만들어주는 일이었다. K-Beauty의 본질은 화려함이 아닌 실용적인 가치에 있다. 한국식 디테일은 단순히 미적인 '빛'을 만드는 기술을 넘어, 근본적인 '피부 개선 문제를 해결하는 기준'을 제시하는 것이다. 나는 어떤 상황에서도 이 기준을 낮추지 않겠다는 원칙을 고수했다.

일리노이주 파크리지에서 시작해 글렌뷰, 그리고 노스브룩을 포함하는 노스쇼어 지역으로 사업을 확장하며, 나는 특정 부촌 커뮤니티 안에서 K-Beauty의 잠재력을 체계적으로 실험했다. 미시간호를 따라 펼쳐진 노스쇼어는 시카고 대도시권 내에서도 가장 품격 높은 지역으로 손꼽힌다. 16km 떨어진 다운타운과의 뛰어난 접근성, 아름다운 자연환경, 그리고 다양성과 안정성을 두루 갖춘 이 지역사회에서 고객들은 내가 제시하는 한국식 디테일을 진정한 '럭셔리 경험'으로 받아들였다.

미국 고객들은 화려한 설명보다 명확한 결과를 신뢰하는 경향이 뚜렷하다. 그들은 말로 하는 약속이 아닌, 눈으로 확인할 수 있는 증거를 원한다. 이러한 고객의 특성을 파악하고, 나는 매일같이 시술 전후를 기록하는 'Before & After' 촬영을 진행했다. 섬세한 압력 조절 기술, 근막과 림프의 흐름을 정확히 읽어내는 감각, 그리고 오차 없는 시술 순서를 기반으로 즉각적인 변화를 만들어냈다. 이러한 변화는 단순한 피부 개선을 넘어 고객의 자존감을 높이는 결정적인 2%의 차이를 만들었다. 바로 그 미세한 2%의 긍정적 변화가 고객의 하루를 바꾸고, 더 나아가 새로운 관계를 형성하는 계기가 되었다. 이처럼 결과로 증명된 신뢰는 브랜드의 가장 단단한 기반이 되었다.

압력 대신 이러한 특성을 이해한 나는 매일같이 시술 전후를 기록하는 before & after를 남겼다.

손의 깊이와 리듬을 정밀하게 설계한 테크닉을 통해 근막과 림프의 흐름을 정확히 읽어내는 감각, 그리고 한 치의 오차도 허용하지 않는 시술 순서를 기반으로 고객이 즉각적으로 체감할 수 있는 변화를 만들어냈다.

어느 순간, 나는 내가 하는 일이 단순한 피부 관리를 넘어 하나의 독자적인 방식이자 철학임을 깨달았다. 그래서 나는 나만의 기준을 체계적으로 기록하기 시작했고, 그 기록들이 쌓여 지금의 브랜드를 만든 핵심 자산이 되었다. 이 모든 과정의 바탕에는 내가 평생 지켜온 삶의 제1원칙, 'Mindy Kim의 Rule #1 of Life'가 자리 잡고 있다.

궁극적으로 나의 일은 단순한 기술 전파가 아니라, 브랜드의 철학을 공간과 신뢰의 영역으로 확장하는 과정이다. 부티크 스파 리브랜딩이 브랜드의 철학을 담아내는 '공간적 확장'이라면, 호텔 제휴는 브랜드의 가치를 증명하는 '신뢰의 확장'이다. 호텔 제휴를 위해서는 기술과 전문 장비를 결합한 패키지를 구성해야 한다. 전문 장비는 고객이 즉각적인 효과를 눈으로 확인할 수 있게 만드는 핵심 요소이기 때문이다. 호텔 스파 프로그램에는 숙련된 테크닉과 시각적인 효과를 극대화하는 전문 장비의 조합이 반드시 포함되어야만 고객의 높은 기대치를 만족시킬 수 있다.

또한, 고객 리뷰와 평가 데이터를 정기적으로 분석하여 프로그램을 지속해서 개선해야 한다. 호텔 고객이 남기는 피드백은 브랜드의 기술력을 시장에서 검증하는 가장 현실적인 '실전 데이터'다. 나는 이 데이터를 직접 분석하고 그 결과를 바탕으로 프로그램을 끊임없이 업데이트하는 과정을 통해 서비스의 완성도를 최고 수준으로 유지한다.

이 모든 과정의 중심에는 '철학이 분명한 브랜드만이 치열한 경쟁 속에서 살아남는다'라는 확고한 믿음이 자리 잡고 있다. 기술에서 시작하여 공간과 신뢰를 확보하고, 이를 바탕으로 시스템을 구축하여 글로벌 시장으로 나아가는 이 흐름이 바로 브랜드의 다음 10년을 완성할 것이다.

고객을 사랑하면, 고객이 나를 사랑한다

미국에서 사업을 하며 수많은 선택의 기로에 섰고, 그 선택의 결과는 언제나 고객 앞에서 직접 증명해야 했다. 그 길고 험난한 과정 속에서 나는 결코 변하지 않는 단 하나의 진실을 배웠다. 그것은 바로 내가 진심으로 고객을 사랑하면, 고객 또한 반드시 나를 사랑하게 된다는 사실이다.

이 사랑은 기술에서 시작되지만, 궁극적으로는 태도에서 완성된다. 고객의 시간을 결코 가볍게 여기지 않는 존중의 태도, 그리고 고객의 고민을 마치 나의 문제인 것처럼 진심으로 받아들이고 함께 해결하려는 공감의 태도가 모든 것의 핵심이다.

고객을 대하는 이 근본적인 태도가 곧 나의 기준이자 브랜드 그 자체가 되었다. 고객의 고민을 자신의 문제처럼 진심으로 받아들이는 자세, 그리고 고객의 불편을 시스템 개선의 결정적 신호로 여기는 관점이 바로 그것이다. 무엇보다 중요한 것은 고객을 단순한 숫자가 아닌, 존중받아야 할 한 명의 '사람'으로 대하는 태도이다. 이러한 태도가 나의 확고한 기준이 되었고, 그 기준은 마침내 브랜드의 정체성으로 자리 잡았다.

나의 모든 활동을 관통하는 10가지 철학은 성공을 만드는 구체적인 행동 지침이다.

Rule #1 of Life: Standards define success.
기준이 곧 성공을 만든다.

Rule #2 of Life: Never offer what you cannot be proud of.
부심 없는 서비스는 절대 제공하지 않는다.

Rule #3 of Life: Details are everything.
디테일이 모든 것을 결정한다.

Rule #4 of Life: Consistency beats talent.
꾸준함이 재능을 이긴다.

Rule #5 of Life: Learn it first. Teach it next.
대표가 먼저 배우고, 그다음 직원이 배운다.

Rule #6 of Life: Build trust before business.
비즈니스보다 신뢰가 먼저다.

Rule #7 of Life: Problems are signals, not setbacks.
문제는 후퇴가 아니라 신호다.

Rule #8 of Life: Quality creates loyalty.
품질이 충성도를 만든다.

Rule #9 of Life: Grow, even when it's hard.
어려워도 멈추지 않는다.

Rule #10 of Life: Expand only when you're ready.
준비가 되었을 때만 확장한다.

첫째, '기준이 곧 성공을 만든다'는 믿음 아래 한국 수준의 디테일과 기술, 결과에 대한 기준을 미국에서도 절대 낮추지 않는다.

둘째, 내가 직접 테스트하고 완벽히 검증한 서비스만 고객에게 전달함으로써 '자부심 없는 서비스는 절대 제공하지 않는다'라는 원칙을 지킨다.

셋째, 손의 압력, 호흡, 리듬부터 준비물과 고객 동선까지 모든 것을 표준화하며 '디테일이 모든 것을 결정한다'라는 사실을 증명한다.

넷째, '꾸준함이 재능을 이긴다'라는 신념으로 교육, 체크리스트, 매뉴얼의 반복을 통해 브랜드를 세계적인 수준으로 끌어올린다.

다섯째, '대표가 먼저 배우고, 그다음 직원이 배운다'라는 원칙에 따라 내가 몸으로 먼저 체득하고 이해한 지식만을 매뉴얼로 만든다.

여섯째, '비즈니스보다 신뢰가 먼저다'라는 생각으로 단 한 명 고객의 고민 해결을 브랜드 확장의 출발점으로 삼는다.

일곱째, 고객 불만이나 이슈는 시스템을 업그레이드할 기회로 여기며 '문제는 후퇴가 아니라 신호다'라는 자세를 유지한다.

여덟째, 화려한 광고보다 압도적인 결과물을 먼저 보여줌으로써 '품질이 충성도를 만든다'는 것을 실현한다.

아홉째, 자금, 인력, 문화적 장벽에 부딪히더라도 '어려워도 성장해야 한다'라는 마음으로 도전을 멈추지 않는다.

마지막 열 번째로, 교육, 프로그램, 기준이 완벽히 갖춰졌을 때만 다음 단계로 나아가며 '준비가 되었을 때만 확장한다'라는 원칙을 철저히 따른다.

이러한 철학은 K-Beauty를 단순한 미용 서비스를 넘어 하나의 창작물이자 예술, 그리고 세계 공용의 언어로 확장시키는 원동력이 되었다. 나는 앞으로도 이 철학을 기반으로 새로운 길을 개척할 것이다. 장비와 제품 개발부터 아카데미 설립, 호텔 스파와의 협업, 그리고 전면적인 리브랜딩에 이르기까지, K-Beauty를 중심으로 한 새로운 생태계를 만들어가는 것이 나의 목표이다. 이제 나는 더 이상 기술자가 아니다. 나는 기준을 만들고, 길을 설계하며, 미래를 창조하는 'K-Beauty Creator'이다.

나는 지금도 나의 첫 번째 원칙, '기준이 곧 성공을 만든다'라는 신념을 매일 되새긴다. 바로 이 단 하나의 기준을 굳건히 지킴으로써 나는 누구도 가지 않았던 미국 시장에서 새로운 길을 개척할 수 있었다. 이를 통해 고객과 깊은 신뢰를 쌓았으며, 그것을 동력으로 삼아 브랜드를 성공적으로 확장해 나갔다.

앞으로 어떤 변화가 찾아와도 결코 변하지 않을 단 한 가지 진리가 있다. 진심은 결코 외부의 환경에 흔들리지 않으며, 고객에게 전한 사랑은 반드시 더 큰 신뢰로 돌아온다. 이렇게 쌓아 올린 기준은 결국 우리가 나아갈 미래를 창조하는 법이다.

이제 나는 다가올 새로운 10년을 향해 다시 발걸음을 내딛는다. 고객과 마주하며 배운 모든 소중한 순간들을 가슴에 품고, 내가 직접 세운 철학을 바탕으로 K-Beauty의 새로운 역사를 써 내려갈 것이다. 이것이야말로 내가 거친 미국 시장에서 체득한 가장 위대한 배움이며, 동시에 앞으로 나아갈 길을 환히 비춰줄 나만의 영원한 빛이다.

에필로그

이 매장을 운영한 지 10년이 됐다.

돌아보면 가장 보람을 느꼈던 순간은 특별한 말이나 극적인 장면이 아니라, 아주 현실적인 순간들이었다.

관리를 받고 만족한 고객이 어느 날 가족 모두를 데리고 다시 찾아왔을 때.

"엄마도 한번 받아보라고요.", "언니도 꼭 필요할 것 같아서요."

그렇게 한 사람의 경험이 가족 전체의 선택으로 이어질 때, 이 일이 제대로 전달됐다는 확신이 들었다.

또 한번은, 피부를 개선하고 싶지만 어떻게 해야 할지 몰라 막막해하던 고객이 있었다.

우리는 시간을 들여 피부 상태를 설명하고, 왜 이런 관리가 필요한지, 어떤 변화를 기대할 수 있는지를 하나씩 이야기했다.

그리고 관리가 끝난 뒤, 그 고객이 말했다.

"이제야 이해가 돼요. 그리고 결과도 마음에 들어요."

그럴 때마다 느낀다.

이 일의 가치는 화려한 연출이 아니라, 이해시키는 과정과 그에 대한 결과에 있다는 것을.

우리가 지난 10년 동안 해온 일은, 바로 그것이었다.

나는 책을 쓰면서 한 가지를 분명히 확인했다.

성공의 비밀 같은 것은 없었다.

대신 기준을 낮추지 않는 선택의 반복이 있었을 뿐이다.

많은 사람들은 미국 시장에서는 빠름과 단순함이 전부라고 말한다. 한국식 디테일은 비효율적이라고도 한다.

하지만 나는 다른 길을 택했다.

손의 깊이와 리듬, 시술의 순서, 고객을 대하는 태도까지 어느 하나도 대충 넘어가지 않았다.

한국에서 배운 섬세함과 정확함을 미국 시장의 속도에 맞게 줄이는 대신, 그대로 유지하는 쪽을 선택했다.

그 선택은 조직에도 동일하게 적용됐다.

기준을 공유하지 못하는 사람과는 함께 갈 수 없다. 능력보다 중요한 것은 같은 기준을 받아들일 수 있는가였다.

돌아보면, 나는 사람들의 인생을 바꾸겠다고 생각한 적은 없다. 다만 매 순간, 내가 정한 기준을 지켰을 뿐이다.

그리고 그 기준이 오래 남았다.

2025년, 그리고 앞으로의 10년.

나는 지금 새로운 시작을 준비하고 있다.

Head Spa 브랜드 확장, 아카데미 설립, 호텔 스파 제휴, 제품 개발, 그리고 프랜차이즈.

내 목표는 명확하다. 한국에 가지 않아도 한국과 똑같은 시술, 기계, 프로그램을 미국 전역에 전파하는 것. K-Beauty를 더 널리 알리고, 이 기술을 배우고 싶어 하는 젊은 세대에게 기회를 주는 것. 한국의 병원, 전문가들이 미국 시장에 진출할 때 함께 협업할 수 있는 플랫폼을 만드는 것.

다시 '첫 매장 열던 그날'의 설렘이 느껴진다.

하지만 이번엔 다르다. 2005년의 나는 혼자였다. 2025년의 나는 혼자가 아니다. 내가 키운 20명의 팀이 있다. 나를 믿고 따라온 수천 명의 고객이 있다. 내 기술을 배우고 싶어 하는 다음 세대가 있다.

나는 미국 시장에서 K-Beauty를 운영한다는 것이 단순히 사업이 아니라, 문화와 기술을 전하는 일이라고 생각한다.

한국에서는 기본으로 여겨지는 디테일, 섬세함, 손기술, 서비스 마인드가 미국에서는 차별화 포인트이자 브랜드 프리미엄이 된다. 한국 기준을 내려놓지 않았기에, 오히려 미국 시장에서 독보적인 가치를 인정받을 수 있었다.

해외에서 사업을 하다 보면 항상 돈, 시간, 사람이 부족하다. 초기 자금 부족, 불안정한 매출, 언어 장벽, 직원 이직, 기술 편차, 고객 유입 루트 부재까지. 나는 이 모든 문제를 직접 경험하고 해결했다. 그 과정을 매뉴얼화했고, 그것이 지금의 시스템을 만들었다.

내가 직원에게 가르치는 핵심은 '기술'이 아니라 '철학'이다. 고객의 감정 상태를 읽는 눈, 손길의 속도와 온도와 압력까지 감각화하는 능력, 질문은 적게 하고 경청은 많이 하는 태도, 직원이 현장에서 혼자 판단할 수 있도록 훈련하는 시스템. 직원 교육의 목표는 전 직원이 나와 같은 기준으로 움직이는 시스템을 만드는 것이다.

나의 철학은 항상 하나다.

"직접 해보고, 최고로 만들고, 시스템화한다."

이 철학이 있었기에 미국에서 K-Beauty 스파를 성공적으로 운영할 수 있었다고 믿는다.

당신에게,

만약 당신이 지금 막막한 시작점에 서 있다면,

만약 당신이 “내가 할 수 있을까?” 두려워한다면,

만약 당신이 아무도 가지 않은 길을 걸어야 한다면,

나는 말하고 싶다. 할 수 있다.

단, 조건이 하나 있다.

당신만의 ‘기준’을 세워라. 그리고 그 기준을 절대 낮추지 마라.

시장이 뭐라고 하든, 사람들이 뭐라고 하든, 힘들어 죽을 것 같아도, 당신의 기준만은 지켜라. 그 기준이 결국 당신을 성공으로 이끈다.

그리고 기억하라. 진심은 통한다.

나는 이것을 증명해 왔고, 앞으로도 계속 증명할 것이다. K-Beauty Creator로서. 한국에서 배운 섬세함을 세계로 전하는 사람으로서. 그리고 무엇보다, 기준을 낮추지 않고 진심으로 사람들을 대하는 사람으로서.

나는 기술이 중심이 되는 브랜드를 더 확장하고 싶다.

전문 Head Spa 브랜드, K-Beauty 트레이닝 아카데미, 나만의 기능성 화장품 라인, 스파 프랜차이즈 시스템, K-Beauty 테라피 센터.

나는 "기술은 사람을 변화시킨다"라는 믿음이 있기 때문에, 다음 사업도 결국 사람을 변화시키는 기술이 될 것이다.

그래서 나는 계속할 것이다.

더 많은 사람을 가르칠 것이다.

더 많은 기술을 나눌 것이다.

더 많은 기준을 세울 것이다.

진심으로 응원한다.

당신이 아무도 가지 않은 길을 걷기를,

그 길에서 흔들리지 않기를,

그리고 그 길 끝에서 진정한 행복을 만나기를.

Mindy Kim Chicago, Illinois 2025년 12월

P.S. 이 책을 다 읽고 나서 "나도 할 수 있을 것 같아"라는 생각이 들었다면, 당신은 이미 시작한 것이다.

Go. Don't look back. Your story is waiting.